따뜻한
심리학

따뜻한 심리학

김진국 지음

여는글

여물어가는 계절 앞에 일상의 속내를 털어내며

대형서점의 '행복' 코너. 거기에는 서가 곳곳에 '행복' 단어를 품은 책들이 즐비하게 꽂혀 있다. 신간도 끊임없이 쏟아져 나온다. 왜 그럴까? "책은 기억과 상상의 확장이다."라는 소설가 호르헤 루이스 보르헤스의 말처럼 과연 책 속에서 과거와 현재 그리고 미래의 행복을 만날 수 있을까? 어떤 이는 말한다. 전문가들이 내놓은 행복 진단과 처방전이 신통치 못하거나 환자들이 충실히 따르지 않아 계속 새로운 버전이 나온다고. 전적으로 동의할 순 없지만, 문학의 영원한 주제가 사랑과 청춘이듯 산문의 궁극적 테마가 바로 행복인 것만은 분명해 보인다.

사실 행복에 대한 갈증과 결핍은 우리네 일상의 깊은 속내이다. 사람들은 저마다 행복에 대해 다른 느낌과 견해를 갖고 있다. 더구나 노력한다고 해서 행복이 쉽게 잡히는 어떤 것도 아니다. 데즈먼드 모리스는 『행복론』에서 행복의 유형을 사람들이 기본적으로 갖고 있는 본능에 부합하는지 여부에 따라 17가지로 나눈다.

1.목표의 행복(달성자) 2.경쟁의 행복(승자) 3.협동의 행복(조력자) 4.유전적 행복(친족) 5.육욕의 행복(쾌락주의자) 6.대뇌의 행복(지식인) 7.리듬의 행복(댄서) 8.고통의 행복(마조히스트) 9.위험의 행복(위험 무릅쓰는 사람) 10.선택의 행복(일상사 무시하는 사람) 11.정적의 행복(묵상자) 12.독실한 믿음의 행복(신자) 13.소극적 행복(고통 겪는 사람들) 14.화학적 행복(약물 복용자) 15.공상의 행복(몽상가) 16.희극의 행복(웃는 사람) 17.우연의 행복(행운아) 등이다.

"결핍을 풍요로 바꾸는 힘이 있다면, 그건 기다리는 마음일 거다."라는 어느 시인의 말 대신 모리스는 합리적 사고를 통해 자신에게 맞는 행복을 찾는 방법을 제시한다. 위 17개의 행복 유형 중에 나는 과연 어디 것에 몇 개나 속할까? 하나씩 따져 보자. 여러분도 한번 따라 해보시라! 필자의 경우 경쟁에서의 승리를 즐기는 유형은 아니니 2번 탈락, 쾌락주의자도 아니니 5번 탈락, 음악 감상은 좋아하지만 음치에 몸치이니 7번도 탈락, 마조히스트 아니니까 8번 탈락, 익스트림 스포츠는커녕 청룡열차도 못 타는 사람이니 9번 탈락이다. 반면 어떤 목표를 세우는 것을 좋아하니 1번은 통과, 다른 사람들과 살갑게 지내는 편이니 3번 통과, 가족은 물론 주변 인물들과 정이 많은 편이니 4번 통과, 책 읽고 글 쓰는 게 즐거우니 6번도 통과다. 이런 식으로 체크해 보니 대여섯 개 정도가 부합한다. 사람마다 다르겠지만 아마 대여섯 개 이상이 나올 것이다. 이렇게 따져 보는 이유는 자신에게 맞는 행복을 찾기 위해서다. 이 간단한 방법을 통해 때론 매우 유용한 단서를 찾기도 한다. 데즈먼드 모리스의 지적처럼 우리는 자신이 처한 상황과 기본적인 본성이 부합할 때 행복을 느낄 가능성이 높아지기 때문일 것이다. 최근의 애플 아이폰 광고에서처럼 어떤 이는 깎아지른 듯한 절벽에 텐트를 치고 캠핑을 즐기는 것에서 짜릿한 행복을 느끼지만 고소공포증이 있는 사람에게는 상상만으로도 끔찍하다.

전문가들은 자신을 있는 그대로 인정하고 단점까지도 사랑하는 마음과 긍정적인 자세가 행복으로 가는 지름길이라고 지적한다. 하지만 한사코 자신의 상황과 타고난 본성을 합치시키려 하지 않으려 하는 사람들도 많다. 지나친 '기대'와 타인과의 '비교'를 통해 행복과는 멀어지는 길을 택하는 것이다. 그 결과 사소한 것에 대한 감사의 마음조차 갖기 어려워지게 된다. 사소한 것 하나에 감사하는 마음이 곧 행복의 시작인데도 말이다.

이 책 『따뜻한 심리학』은 최근 몇 해 동안 여러 매체에 기고했거나 강연한 내용을 재정리한 글들이다. 이 과정이 개인적으로는 너무나 새롭고 또 새로워지는 기분이었다. 제목처럼 따스한 시선을 갖지 못했던 적이 무척 많았다는 걸 확인하는 과정이었다. 쉼 없이 질주하고 바쁘게만 달렸던 일상의 건조함과 이로 인해 소중한 것을 잃어버린 것에 대한 자책 등의 오래된 먼지를 털어내는 작업이었다. 후련했다. 그래서 이 책은 앞으로 더 따뜻한 사람이 되겠다는 다짐의 흔적이 될 것이다. 이런 마음들을 독자들과 나누고 싶다. 여물어가는 계절 앞에 속내를 털어내는 그런 마음으로.

이 책의 일등공신은 누가 뭐라 해도 사랑하는 아내다. 늘 첫 번째 독자로서 매서운 질책과 아낌없는 조언을 해준다. 고마울 따름이다. 사랑하는 아들 융과 딸 진에게도 그 마음을 보낸다. 늘 뒤에서 응원해주시는 아버지와 장인어른, 장모님께도 감사드린다. 작년에 돌아가신 어머니께 이 책을 드리지 못해 안타깝다. 끝으로 내 글의 가치를 알아봐 주고 하나에서 열까지 하나하나 챙겨준 출판사 대표와 디자이너 그리고 사진을 잘 찍어준 이승재 작가의 고마움도 빼놓을 수 없다.

2021년이 저물어가는 12월 초순에
김진국

목차

여는글 여물어가는 계절 앞에 일상의 속내를 털어내며 ········· 4

1장 늘 그립다가 문득 사무치게 그리울 때도 있다

보고픈 엄마, 그리운 김장김치 ········· 15
김장의 심리학

또 한 번 모란이 필 때까지 ········· 22
모란꽃과 황혼의 심리학

눈물 젖은 빵 먹어 보셨나요? ········· 30
故 구두회 엘지그룹 창업고문과 부인의 낭만적인 사랑의 심리학

그곳이 참하 꿈엔들 잊힐리야 ········· 38
서울의 벚꽃을 보며 고향 하동을 그리워함

내 생애 봄날은 간다 ········· 46
신화 속으로 떠난 작가 이윤기와 추억의 심리학

우리 것이 좋은 것이여! ········· 53
법정 스님의 시래기와 무소유의 심리학

당신, 내 편이라서 고마워 ········· 59
부부관계의 심리학

지가 살아봤냐고? 학은 무슨 학, 닭이다 닭! ········· 67
정희성의 '시인본색'과 스턴버그의 '사랑의 삼각형'

하늘나라로 떠난 어머니를 그리며 ········· 73
죽음의 심리학

비 갠 푸른 언덕, 붉은 비처럼 떨어지는 복사꽃 ········· 82
정지상의 한시(漢詩)와 유토피아 심리학

2장 라면은 왜 '파송송 계란탁' 해야 맛있나?

주인공은 왜 모두 집으로 가고 싶어 할까? ········· 91
'오징어 게임'과 친족 보살핌 본능

서점 문지방을 넘어 멈춤의 세계로 들어가라 ········· 98
서점을 찾는 심리학

니들 이제 X됐어(You're f****d)! ········· 105
졸업의 심리학

우리는 왜 트로트에 열광하는가? ········· 113
트로트의 심리학

아들아, 우리 쓸모 있는 수컷이 되자! ········· 122
영화 〈미나리〉와 영웅의 심리학

사랑이 변하는 데 이유가 있나? ········· 131
최태원·노소영의 사랑과 이별의 진화심리학

사랑에 빠진 게 죄는 아니라고? ········· 140
JTBC 드라마 '부부의 세계'와 불륜의 심리학

로버트 드 니로와 안성기의 공통점은 뭘까요? ········· 148
동안(童顔) 선호의 심리학과 주름살의 미학

시인의 부인은 왜 엄동설한 한밤중에 집을 나왔을까? ········· 154
배려(配慮)의 심리학

라면은 왜 '파송송 계란탁' 해야 맛있나? ········· 163
라면의 사회심리학

3장 마음속에 박힌 못을 뽑아 그 자리에 꽃을 피우며

낚시는 과연 손맛일까? ······ 179
낚시의 심리학

아파트 옥상에서 김훈과 루쉰을 생각함 ······ 185
이름을 짓는 것(naming)의 심리학

300년 명품고택과 소설 속 집 살려낸 사대부가 ······ 193
강릉 '선교장'과 하동 '최 참판 댁'의 멋과 향취

빼앗긴 들에도 봄은 오는가? ······ 202
꽃의 심리학

연필과 만년필로 글을 쓴다는 것 ······ 209
디지털 시대 글쓰기의 심리학

프라도미술관에서 사흘 연속 죽친 사연 ······ 216
몰입(flow)의 심리학

계란 프라이와 후배의 간짜장 ······ 225
추억의 심리학

희망의 봄을 기다리며 ······ 231
영화 〈호프 스프링즈〉에 대한 단상

당신은 개를 좋아하시나요? ······ 236
반려견의 심리학

4장 '김지영'이 걸었던 길을 우리 딸들에게도 걷게 할 참인가?

혹시 내가 안희정, 오거돈의 공범은 아닐까? ·················· 245
아부의 심리학

'김지영'이 걸었던 길을 우리 딸들에게도 걷게 할 참인가? ·········· 252
영화 〈82년생 김지영〉에 대한 씁쓸한 감상

'갑질하는 뇌'가 따로 있다고? ························· 260
미투의 심리학

계획하지 않은 임신, 계획된 살인 ······················· 266
낙태의 심리학

류호정의 원피스와 스티브 잡스의 청바지 ·················· 274
의상의 심리학

혐오는 무조건 나쁜 감정일까? ························ 284
전염병과 혐오의 심리학

막장에서 스러진 이들을 위한 꽃과 노래 ··················· 291
삼탄아트마인에서 옛날 광부들과 반 고흐를 생각하다

넌 대체 누굴 보고 있는 거야? ························ 297
시선(視線)의 심리학

여성들은 수염 기른 남자를 좋아할까? ···················· 303
수염의 심리학

1장

늘 그립다가 문득 사무치게
그리울 때도 있다

보고픈 엄마, 그리운 김장김치

김장의 심리학

고랭지에서 직접 재배한 김치를 담가 파는 지인이 있다. 수익 일부를 가난한 이웃을 돕는 기금으로 귀하게 쓰는 분이다. 이번 겨울에도 김장김치를 그분에게 주문했다. 막 도착한 김치를 주변에 조금씩 나눠주고 갓 담근 김장김치를 시식하기 위해서 식구들이 모인 자리. 외국에서 공부하는 아들이 빠져 우리 부부와 딸, 이렇게 세 사람이 둘러앉았다. 식탁은 단출하다. 김치와 생굴, 수육이 전부다. 수육과 김치를 싸서 혹은 생굴과 함께 먹는 김치는 그 맛이 일품이다. 김치를 그다지 즐기지 않는 대학생 딸도 아주 맛있게 먹는다.

경상도 촌놈이 서울에 온 지 수십 년. 서울 음식에 많이 동화가 됐다. 하지만 아직도 젓갈 냄새 물씬 풍기는 남도 김치가 더 좋다. 어릴 때 형성된 입맛은 쉽게 변하지 않는다. 그런데 이 김치는 남도 김치와 달리 젓갈 냄새도 없고 다소 싱겁다. 반면 서울 김치 특유의 담백한 맛이 살아 있다. 저녁을 먹고 환담을 나누다가 아내가 말한다. "김장김치를 보니 부모님도 그렇지만, 우리도 나이가 들어간다는 게 실감이 나네. '6년 전 오늘'이라면서 페이스북에 이런 알림이 왔더라고." 그러고는 그날의 페이스북 글을 보여준다.

시골에서 김장김치가 왔습니다. 어제는 친정에서, 오늘은 시댁에서. 해마다 감사한 마음으로 받아먹기만 하면서 참 행복했습니다. 이렇게 김치를 보내주시는 양가 부모님이 계셔서 얼마나 감사한지요. 김치 한 포기마다 부모님의 사랑이 녹아 들어가 더 맛나게 먹을 수 있을 것 같습니다. 부모님 생각으로 오늘은 마음이 정말 따뜻합니다.

몇 줄 읽다 이내 어느 한 곳이 아려온다. 눈물이 왈칵 쏟아질 것 같은 걸 겨우 참았다. 한번 터지면 그 오열을 감당할 자신이 없었다. 두어 달 전에 돌아가신 엄마 모습이 밀려온다. 팔순을 앞둔 장모님도 예전 같지 않아 걱정이다. 작년부터 체력이 현저하게 떨어져서 김장김치 담그기를 그만두셨다.

세월은 우리가 나이가 들어가는 것을 연령별로 참석해야 할 경조사로 나누어 넌지시 일러준다. 처음에는 친구들의 결혼식을 간다. 그다음은 친구 아이의 돌잔치다. 그러다가 그 아이들이 사춘기를 지나 대학생이 되는 것을 본다. 이젠 친구 아들딸의 결혼식장이나 부모님 장례식장에서 만난다. 오늘처럼 건강 때문에 더 이상 김장을 하지 못하는 장모님이나 돌아가신 엄마를 생각하며 마음 한 곳이 먹먹해지는 경험도 피할 수 없게 된다. 그 나이가 된다는 것은 아내의 말처럼 늘 부모님으로부터 '받기만 하는 행복'도 이제는 누릴 수 없게 된다는 의미다. 부모님 입장에서는 한없이 '주시고만 싶은 행복'이었을 것이라고 위안을 삼을 뿐이다.

그러고 보니 우리 부부는 서울에 살고 양가 부모님은 시골에 살았지만 결혼 후 30년 동안 단 한 번도 김장 때문에 고향에 간 적이 없다. 자식들한테 당신들의 내리사랑을 오롯이 소나기처럼 퍼부어 주시기만 하시는 부모님의 배려였을 것이다. 그래서 우리 부부는 유튜브 방송이나 각종 인터넷 카페의 김장철만 되면 등장하는 고부간의 김장철 스트레스와 관련된 사건사고 소식을 들으면 '과연 사실일까, 저렇게 독한 시어머니나 시누이 혹은 저렇게 막돼먹은 며느리나 동서가 있을까?' 하면서 고개를 갸우뚱한 적이 많았다.

김장과 관련한 스캔들에 다소의 과장이 있을 수 있다. 하지만 아무리 그렇다고 해도 요즘 같은 핵가족 시대에 맞벌이 하는 며느리에게 일방적으로 김장 날을 잡아 내려오라고 통보한다? 몇 백 포기나 되는 김치를 고부간에 둘이서만 담그자고 한다? 기겁하지 않을 며느리가 과연 몇이나 있을까. 더구나 온 가족이 같이 먹을 김장을 하자면서 정작 동서나 시누이가 빠진다면 이런 불공평이 어디 있단 말인가.

전통적으로 우리나라에서는 봄에 장을 담그고 겨울에 김장을 했다. 그것은 한 해 살림의 성패를 가늠하는 중요한 척도였다. 조상들은 남의 집의 김치나 장을 얻어먹는 것을 매우 부끄러워했다. 마치 청록파 시인 조지훈 선생의 가문에 남의 돈[財]과 남의 글[文], 남의 사람[人]을 빌리는 것을 부끄러워하는 삼불차(三不借)의 전통이 있었던 것처럼 말이다. 우리나라에서는 왜 이렇게 죽자사자 김장을 해야만 했을까. 왜 김치나 장을 남의 집에서 얻어먹는 일을 부끄러워했을까?

말할 것도 없이 먹거리가 부족했기 때문이다. 엄동설한에 싱싱한 야채 공급이 불가능했고, 있다 하더라도 장기 보존이 불가능했다. 그렇다면 이렇게 김장을 통해 장기간에 걸쳐 서서히 발효시키는 방법이 탁월한 선택이었을 것이다. 특히 '조선 사람은 밥심으로 산다.'고 하는 소리는 맨밥 이외에 제대로 된 반찬 하나 없다는 말의 다른 소리다. 커다란 밥그릇에 가득 담은 꽁보리밥에 김치 하나로 엄동설한을 견뎌내야 할 서민 가정에서 김치의 존재는 생명줄이나 다름없었다.

문제는 김장이 엄청나게 큰 일거리였다는 점이다. 봄부터 소금을 사서 잘 보관해야 한다. 마늘이나 고추 등 각종 식재료들도 미리미리 준비해야 한다. 가을에는 소금에 절여 두었던 멸치로 젓갈을 담아야 한다. 그래야만 나중에 수확한 배추, 무, 파, 갓 등과 겨울에 채집한 굴, 새우 등을 재료로 김장을 할 수 있다. 이런 상황은 인터넷 쇼핑으로 배달만 시키면 어지간한 일이 가능한 지금과는 근본적으로 달랐다.

김장 당일도 마찬가지다. 김장에 필요한 수백 포기의 배추를 절이고 그것을 주재료로 김장을 담그고 김장 독에 묻고 하는 일련의 과정은 많은 품이 든다. 마을 사람들이 품앗이를 통해 협력하지 않으면 애초부터 불가능한 일이다. 옛날엔 혼자서는 농사도 지을 수 없고, 집도 지을 수 없었다. 자신이 살고 있는 거주지를 지킬 수도 없었다. 서로 돕지 않으면 생존이 불가능했다. 그러나 지금은 돈만 있다면 혼자서 뭐든 다 할 수 있다. 서로 돕는 '상조(相助)의 시대'에서 스스로 해결 가능한 '자조(自助)의 시대'로 바뀐 것이다.

상조의 시대를 살아오신 우리 부모님 세대는 함께 도울 이웃이 있고, 일상에서 서로 품앗이를 해줄 공동체가 있었다. 그들은 '공동체와의 균형과 조화'가 생존의 필수불가결한 덕목이었다. 이웃이나 친인척 간 혹은 상하 간의 정(情)이 없으면 살아도 사는 것이 아니었다. 공동체에서 부적격자로 낙인찍히거나 추방당한 사람은 죽은 목숨이나 다름없었다.

하지만 우리 세대는 다르다. 품앗이 해줄 이웃이 없다. 나만 해도 그렇다. 우리 아파트에는 반상회라는 게 아예 없다. 엘리베이터를 두고 서로 마주보는 우리 아파트 통로에는 12층에 24가구가 산다. 십년을 살아도 아직 서너 가구 사람밖에는 알지 못한다. 그렇다고 생존이 불가능할까? 아니다. 이웃이나 친인척들과 좋은 관계를 유지하지 않아도 얼마든지 혼자서 살아갈 수 있다. 더구나 현대인들은 이웃과 한가로이 유대관계를 맺고 살아갈 만큼 시간적인 여유가 많은 것도 아니다.

말이 옆으로 많이 샜다. 요컨대 상조의 시대에 필요한 덕목을 자조의 시대를 살아가는 사람들에게 강요하지 말라는 이야기다. 싫든 좋든 시대는 이미 바뀌었다. 구시대의 패러다임을 새로운 시대에 적용할 수는 없는 노릇이다. 김치를 담그고 나누는 한국의 전통 풍습은 2013년에 유네스코 인류무형유산으로 지정되었다.

문화유산은 그 자체로 값진 것이기에 소중하게 계승할 필요가 있다. 그렇다고 모든 국민이 일상에서 김장을 한다는 것은 바람직하지도 않고 가능한 일도 아니다. 우리가 몸소 메주를 띄워 장을 담고 배추를 심어 김장을 할 수 있는 상황이라면 모를까. 그런 일은 된장 명장, 김치 명장 같은 전문가들에게 맡기면 된다. 유산은 상속받을 사람의 사정이 여의치 않으면 상속을 포기할 권리가 있다.

　김치를 먹을 줄 모르면 한국인이 아니라는 소리는, 조선 사람은 밥심으로 산다는 소리만큼 고리타분하다. 소설가 김훈의 표현처럼 '설화와 같은 배고픔'이 존재하던 시절 이야기다. 가족끼리 먹고 살아보자고 담그는 김장이 가족 간의 관계를 죽인다면, 죽은 사람 모시겠다고 산 사람 잡는 제사와 오십보백보다.

　김장 때문에 고부간에 감정이 상하거나 시누, 올케 혹은 동서간에 의가 상하는 일은 하루빨리 사라져야 할 구습이다. 물론 김장에는 가족의 정이 가득하다. 나누는 정감은 물론 맛으로 함께하는 일체감. 김장이 있어 겨울은 언제나 따뜻하고 포근했다. 시골에서 엄마가 보낸 김치로 긴 겨울을 보냈던 수많은 아들딸들이 바로 우리다.

　엄마가 떠나가고 없는 오늘밤에 떠오르는 김장은 이젠 그리움이다. 짙은 그리움이다.

또 한 번 모란이 필 때까지
모란꽃과 황혼의 심리학

어느 해 늦봄이었다. 불문학자이자 미술사 전문가인 J교수가 『봄동산』이라는 시집 한 권을 보내왔다. 저자는 당시 86세였던 J교수의 어머니, 조금분 여사다. 등단을 한 것은 아니지만 아마추어 시인이자 사진작가로서 그동안 쓰고 찍어둔 시와 사진을 모아 시집을 낸 것이다. 조 여사는 70세 되던 해 남편을 따라 프랑스에 체류하게 된 딸 J교수와 이메일을 주고받기 위해 인터넷을 처음 배우게 되었고, 우연히 알게 된 시 동호인 사이트에 가입을 하면서 시 습작을 시작했다. 그 후 늘 카메라를 가방에 넣고 다니면서 사진을 찍게 되었다고 한다.

그녀의 시와 사진들은 수수하고 소박하다. 기성 시인들의 시가 세련된 반면 양념이 강해 곧 질릴 것 같은 호텔 레스토랑 음식이라면, 그녀의 시는 다소 거칠고 투박할지는 몰라도 입맛을 돋우는 담백한 집밥에 비유할 수 있을 것 같다. J교수는 어머니의 이런 모습이 무척이나 좋은 모양이다. "시를 쓰시고 사진을 찍으시니 좋은 점이 많다. 우선 세상 모든 사물에 대한 따뜻한 시선이다… 그렇게 시와 사진에 푹 빠져계시니 연세가 드는 것도 혼자 사는 외로움도 별로 못 느끼시는 것 같다."

시인은 서문에서 "제 시가 독자들 곁에 모란꽃처럼 은은한 향기로 오래 머물 수 있기를 기대해 봅니다."라고 말한다. 시집의 겉표지 사진도 그녀가 직접 찍은 모란꽃이다. 시 가운데 3연으로 된 〈고개 숙인 모란꽃〉이 눈에 띈다.

활짝 핀 모란꽃/ 그대의 화려함에/ 사랑 고백하였네/ 그대를 사랑한다고
환한 웃음으로/ 만발하던 그대/ 고개를 떨어뜨린/ 가엾은 모습
눈물 머금어/ 고개 숙인 그대/ 이별의 아쉬움/ 뉘에게 호소하랴

모란은 지름이 10~17센티미터 정도로 무척 크고 화려한 꽃이다. 모란꽃을 말할 때 김영랑(1903-1950) 시인을 빼놓을 수는 없을 것이다. 〈오매 단풍 들것네〉, 〈모란이 피기까지는〉 등으로 유명한 김영랑은 워낙 모란꽃을 좋아하여 마당에 수백 그루의 모란을 손수 심었다고 한다. 그는 모란이 필 때면 그토록 좋아하는 술도 끊고 모란의 향취에 흠뻑 빠졌다고 한다.

모란이 피기까지는
나는 아직 나의 봄을 기다리고 있을 테요
모란이 뚝뚝 떨어져 버린 날
나는 비로소 봄을 여읜 설움에 잠길 테요
5월 어느 날, 그 하루 무덥던 날
떨어져 누운 꽃잎마저 시들어 버리고는
천지에 모란은 자취도 없어지고
뻗쳐오르던 내 보람 서운케 무너졌느니
모란이 지고 말면 그뿐, 내 한 해는 다 가고 말아
삼백 예순 날 하냥 섭섭해 우옵내다
모란이 피기까지는
나는 아직 기다리고 있을 테요, 찬란한 슬픔의 봄을

– 김영랑, 〈모란이 피기까지는〉, 전문.

'모란이 지고 말면 그뿐, 내 한 해는 다 가고 말아/ 삼백예순 날 하냥 섭섭해 우옵내다.' 이 구절은 김영랑이 모란꽃에 얼마나 심취해 있었는지를 잘 보여준다. 그는 낙화(落花) 이후의 상황에 대한 비탄에 머물지 않는다. 다시 필 봄날을 간절히 기다리겠다고 선언한다. '모란이 피기까지는/ 나는 아직 기다리고 있을 테요, 찬란한 슬픔의 봄을.'

반면 조금분 시인은 모란꽃이 떨어지기 직전의 모습을 안타까워한다. '고개를 떨어뜨린/ 가엾은 모습.'과 '이별의 아쉬움/ 뉘에게 호소하랴.' 구절에는 인생 황혼기에 접어든 팔순 시인의 성찰이 녹아 있다. 지나온 인생을 뒤돌아보며 그 속에 스며 있는 아쉬움을 토로하는 것 같기도 하다.

그렇지만 자신의 시가 '모란꽃처럼 은은한 향기로 오래 머물 수 있기를 바란다.'는 서문의 바람처럼 그녀는 자신의 황혼기와 여생을 의미 있게 살겠다고 다짐한다. '슬기로운 꽃의 씨앗으로/ 아름다운 그림자를/ 만들며 살아야지.'(조금분, 〈그림자〉) 그녀 역시 모란이 다시 피기를 간구하는 김영랑 시인의 마음과 별반 다르지 않은 것이다.

모란은 벌써 지고 없는데
먼 산에 뻐꾸기 울면
상냥한 얼굴 모란 아가씨 꿈속에 찾아오네
세상은 바람 불고 고달파라 나 어느 변방에
떠돌다 떠돌다 어느 나무 그늘에
고요히 고요히 잠든다 해도
또 한 번 모란이 필 때까지 나를 잊지 말아요
— 이제하, 〈모란동백〉, 1연.

『나그네는 길에서도 쉬지 않는다』로 명성이 높은 소설가이자

가수 조영남이 리메이크를 해서 널리 알려진 노래
'모란동백'의 원 노래는 '김영랑, 조두남, 모란, 동백'이었다.
김영랑 시인을 사모하는 마음과 조두남 작곡가에 대한
존경심을 담아낸 이제하 시인의 마음을 제목에서부터
엿볼 수 있다. 이 사연은 그의 산문집 『모란동백』에
자세히 소개되어 있다.

음유시인인 이제하는 〈모란동백〉이라는 시에서 모란을 이렇게 노래한다. 원제목은 〈김영랑, 조두남, 모란, 동백〉이었다. 그러다가 가수 조영남이 '노란동백'이란 제목으로 리바이벌해 꽤 유명해졌고 이때부터 모란동백으로 굳어졌다. 이제하 시인은 이 시가 어떻게 노래로 만들어졌는지를 산문집에서 이렇게 말한다.

'김영랑, 조두남, 모란, 동백'이란 노래는 멜로디가 먼저 만들어지고 순전히 그 때문에 새로이 쓰게 된 시인데 나에게 이 노래는 특별한 의미가 있다. 모란을 읊은 영랑의 대표작을 유난히 좋아했던데다 '선구자'의 조두남 선생이 전쟁 때 내가 초·중·고를 다녔던 항도 M시로 피난 와 정착해 거기서 작고하셨던 것이다. 이분의 '또 한 송이의 나의 모란'이란 가곡을 들으면서 그 첫 멜로디가 너무 마음에 들어 영랑의 시까지 제풀에 모여들었을 것이다.

모란을 좋아하는 김영랑 시인을 사모하는 마음과 '또 한 송이의 나의 모란'이란 가곡을 만든 조두남(1912~1984) 작곡가에 대한 존경심을 담아 시를 지었고, 이것을 노래로까지 만든 이제하 시인의 마음이 어찌 김영랑 시인의 마음과 다르겠는가. 그는 힘들고 신산한 현실을 직설적으로('세상은 바람 불고 고달파라') 또 한편으로는 비유적으로('모란은 벌써 지고 없는데') 노래한다.

이제하 역시도 꽃이 지고 난 뒤의 슬픔에 머물지 않고 다시 모란이 필 때를 기다리는 희망적인 자세를 잃지 않는다. '또 한 번 모란이 필 때까지 나를 잊지 말아요.' 사람도 누구나 절정기의 모란꽃과 마찬가지로 화려한 젊은 시절이 있었을 것이다. 또한 모란꽃이 떨어지듯 사람도 언젠가는 세상을 떠나게 될 것이다. 그렇지만 우리가 언제까지나 육체적으로 젊음을 유지할 수 없다고 해서 내면의 젊음까지 잃는 건 아니다. 융 심리학자인 안셀름 그륀 신부는 이렇게 말한다.

> 지나간 젊음을 슬퍼하는 사람이 진정한 삶을 이해하지 못하는 사람이라면, 현재의 삶을 즐기는 사람은 삶의 예술가라고 칭해야 할 것이다.

그렇다. 우리는 지나간 젊음에 슬퍼할 것이 아니라 현재의 삶을 즐길 줄 알아야 한다. 이미 떨어진 현실 속의 모란꽃에 슬퍼하지 말고 '내 마음속 모란꽃'을 심을 줄 알아야 한다. 내 마음속에 모란꽃을 심고 가꾸는 그 마음이 바로 내면의 젊음을 유지하는 길일 것이다. 어떻게 마음을 먹느냐에 따라서 모란꽃은 딱 한 번 피었다가 영영 사라져 버릴 수도 있고, 때가 되면 또다시 피어날 수도 있다.

1936년생인 조금분 시인과 1937년생인 이제하 시인. 80대 중반의 두 분이 마음속 모란꽃을 심고 가꾸는 삶의 예술가로서 그 예전처럼 내면의 젊음을 유지하기를 희망해 본다. 그리고 늘 건강하시기를 기원한다.

눈물 젖은 빵 먹어 보셨나요?

故 구두회 엘지그룹 창업고문과 부인의 낭만적인 사랑의 심리학

의식주 중에서 재벌과 일반 서민 사이에 가장 평등한 게 무엇일까? 그건 바로 먹거리, 즉 식(食)이다. 고대광실 호화 주택에 살고 세계 최고의 고급 브랜드로 옷을 입고 사는 재벌이라고 해도 하루 다섯 끼를 먹고 살 수는 없다. 아무리 비싼 요리도 어쩌다가 먹어야 맛있지 매일 먹을 수는 없다. 진주비빔밥과 눈물 젖은 빵 이야기를 꺼내놓으려 한다. 그 주인공은 LG그룹의 창업고문이었던 고(故) 구두회(1928~2011) 회장이다. 그를 처음 만난 것은 2001년경이었다. 지금은 없어진 모 중국식당에서였다.

그가 공식 회의를 마치고 오찬장으로 자리를 옮기자마자 대뜸 한마디 했다.

"미스터 킴! 당신, 술 잘 마셔?"

그는 공식적인 자리에서는 나를 직급으로 호칭했지만 조금 편안한 자리에서는 '미스터 킴'으로 불렀다.

"그다지 잘하는 편은 아닙니다."

내 대답이 예의상 하는 말이라 생각했는지 바로 받았다.

"저널리스트들은 다들 술을 잘하더구만! 허허."

어쨌거나 어른이 따라 주시는 고량주 두어 잔을 고개를 돌려 단숨에 들이키자, "그것 봐! 내 말이 맞잖아." 하면서 몇 잔을 더 따라 주었다. 구두회 회장의 고향은 경남 진양군 지수면 승내리다. 진양군은 후일 경남 진주시로 편입된다.

"미스터 킴! 고향은 어디요?"

"네, 경남 하동입니다."

진주시나 하동읍의 차이는 있겠지만, 어쨌거나 진주를 중심으로 서부 경남 사람들이 모이는 '범 진주권'의 동향 사람이라 생각했는지 나는 그에게 그냥 진주 사람이 되었다. 이후에도 그는 나를 만날 때마다 진주비빔밥을 사주셨다. 진주비빔밥을 먹던 단골식당은 구 회장의 사무실이 위치한 코엑스인터내셔널 건물 안에 있는 한 레스토랑이었다. 그곳은 한, 중, 일, 인도, 터키 음식을 뷔페나 코스 등 다양한 방식으로 내놓는 곳이었다. 다양한 요리를 맛보고 싶었지만, 구 회장이 진주비빔밥에 은대구 구이를 먼저 시키니 어쩔 수 없이 따라가는 수밖에 없었다.

1933년생인 아버지보다 연상이신 대선배님께서 까마득한 고향 후배를 위해 고향 음식을 베푸는 배려를 어찌 마다할 수 있을까. 고담준론에서부터 사소한 일상까지 이런저런 이야기를 나누다 보면 한나절이 후딱 지나가곤 했다. 경영 일선에서 은퇴하고 시간적인 여유가 많은 까닭에 많은 가르침을 받을 수 있었고, 여러 후일담도 많이 들을 수 있었다. 그중에 가장 기억에 남는 일화가 바로 부인과의 로맨스였다.

1949년에 대학에 입학한 구 회장은 2학년 때인 1950년 한국전쟁이 나면서 대구로 피난을 가게 되었고, 그곳에 꾸려진 임시학교에서 수업을 받았다. 피난 시절 두회 학생은 어떤 집에서 하숙을 하게 되었는데, 그 하숙집 주인의 여고생 따님이 바로 후일 부부의 연을 맺게 되는 유한선 여사였다고 한다. 헌데 20여 년 위의 큰형 LG그룹 창업주 구인회 회장이 집안의 가장으로서 그의 연애를 완강하게 반대했다고 한다. 진주 만석꾼 집안의 막내아들인 동생을 '전쟁 중에 만난 가문의 내력도 잘 모르는 사람과 백년가약을 맺게 할 수는 없다.'는 게 맏형의 주장이었다.

하지만 사랑하는 여인에게 이미 첫눈에 반한 구두회 학생의 사랑을 꺾을 수는 없었던 모양이다. 더구나 사랑이란 게 어디 합리성에 기반을 둔 논리던가. 전란의 포화 속에서 피어난 대학생 구두회와 여고생 유한선의 애틋한 사랑, 그 금지된 사랑은 식을 줄 몰랐다. 옆에서 반대가 심할수록 그 사랑이 더 깊어진다는 '로미오와 줄리엣 효과(Romeo & Juliet Effect)'도 있지 않은가. 맏형 또한 물러서지 않았다. 맏형은 급기야 막내동생에게 그 사귐이 계속된다면 집안의 경제적 후원을 끊겠다고 최후통첩을 보냈다. 전란 전후의 피폐한 경제사정을 감안한다면 만석꾼 집안에서 귀하게 자란 막내아들이 그것도 대학생의 몸으로 경제적 독립을 꿈꾼다는 것은 사실상 불가능한 일이었다. 그는 울며 겨자 먹기 식으로 형님의 제안을 수락할 수밖에 없었다. 그러자 맏형은 막내동생이 졸업하자마자 바로 미국의 뉴욕대 대학원으로 유학을 보내버렸다.

이렇게 구두회 학생은 뜻하지 않게 사랑하는 연인과 눈물의 이별을 고하게 되었다. 그는 이역만리 머나먼 뉴욕 땅에서 유학생활이 아닌 유배 생활을 하게 된 것이다. 남들이 보기에 경제적으로는 남부러울 것 없는 유복한 유학 생활이었겠지만…. 하지만 일각이 여삼추라 한나절만 못 봐도 미칠 것 같은 사랑을 멀리 두고 떠나온 구두회 학생의 마음은 독방에 홀로 수감된 죄수 신세나 진배없었다. 드디어 뉴욕대 MBA 과정의 대학원생 구두회는 중대 결심을 하기에 이른다. 사랑하는 연인을 형님 몰래 뉴욕으로 데려오는 것! 물론 맏형의 특별지시로 감시의 눈초리를 번득이는 LG상사(당시는 아마 락희산업이었을 것이다) 뉴욕 주재원들의 눈을 피해야 했지만, 사랑에 눈이 먼(?) 그에게 그런 것쯤은 들어오지도 않았다. 마침내 젊은 연인들의 꿈 같은 재회가 이뤄졌다.

하지만 기쁨의 순간은 너무나 짧았고 시련의 시간은 길었다. 한국인들의 행동 반경이 제한적일 수밖에 없었던 50년대 후반 뉴욕에서 동양인 유학생 구두회가 락희산업 뉴욕 주재원들을 위시한 한국인들의 눈과 소문을 피할 수는 없었던 터. 금지된 사랑으로 시작했던 사랑의 도피 행각은 결국에는 종말을 고했다. 그 일로 인해 락희산업 뉴욕지사는 물론이고 구씨 집안이 발칵 뒤집혔다. 불같이 화가 난 맏형은 일순의 주저함도 없이 막내동생에 대한 경제적 지원을 가차 없이 끊어버렸다. 만일 사후에라도 지원 사실이 발각된다면 절대 용서하지 않겠다는 엄명이 락희산업 주재원들에게도 떨어졌다. 이로 인해 유복한 유학생 구두회 커플은 일순간에 무일푼의 고학생 커플 신세로 전락했다. 학업은커녕 하루하루의 끼니를 걱정하지 않으면 안 되는 상황을 맞게 되었다.

한계상황에 부닥친 구두회 커플의 마지막 선택은 무엇이었을까? 그것은 유한선이 호텔의 메이드로 나서 돈을 버는 것이었다. 만석꾼 집 도련님으로 고생 한 번 안 하고 귀하게 자란 구두회 학생과 그 정도까지는 아니어도 손에 물도 안 묻히고 큰 귀한 딸이었던 유한선. 그중에서 그녀가 호텔에서 이불 홑청을 갈고 화장실 청소를 하는 일에 나서며 일용직 종업원 신세가 되었다. 더듬거리는 영어로 호텔 종업원 생활을 하는 유한선이 출근하면 공부를 한답시고 도서관으로 향하는 구두회 학생의 발길이 얼마나 무거웠을지 짐작하고도 남음이 있다.

  게다가 없는 사람에게는 살인적인 물가고에 허덕이게 만드는 뉴욕이 아닌가. 뉴욕대학의 등록금은 미국 내에서 제일 비싸기로 유명했다. 호텔 메이드 벌이로는 대학 등록금과 집세는 엄두도 내지 못할 형편이었다. 일용할 양식도 근근이 해결해야 할 상황이었다. 하지만 다행스럽게도 계속되는 궁핍한 일상에 찌들 대로 찌들었지만 두 사람의 사랑은 식을 줄 몰랐다.

  어느 날 저녁 과도한 노동에 지칠 대로 지친 그녀가 퇴근길에 사온 빵을 두 사람이 나눠 먹기 시작했다. 그러다가 두 연인의 눈길이 마주쳤다. 먹고 있던 빵에 눈물이 뚝뚝 떨어졌다. 연이어 눈물이 폭포수처럼 쏟아졌다. 그날 밤 구두회-유한선 커플은 서로 부둥켜안고 밤새 펑펑 울었다고 했다. 괴테의 소설 『빌헬름 마이스터의 수업시대』에 다음과 같은 시가 나온다.

> 눈물과 함께 빵을 먹어 본 적 없는 자/ 근심에 싸인 수많은 밤을/ 잠자리에서 일어나 앉아/ 울며 지새본 적이 없는 자/ 천국의 힘을 알지 못하나니…

'눈물 젖은 빵'의 기원은 독일의 대문호 요한 볼프강 폰 괴테에서 찾을 수 있다. 그의 소설 속 구절은 후세 사람들에 의해 '눈물 젖은 빵을 먹어보지 않은 사람은 인생의 진정한 맛을 알지 못한다.'는 말로 널리 회자되고 있다.

어느 날 와인이 한 순배 돌았을 쯤에 그가 뜬금없이 내게 이렇게 물었던 것이다.

"이봐, 미스터 킴! 당신, 눈물 젖은 빵 먹어본 적 있어?"

"회장님! 그래도 결국은 첫사랑 연인과 결혼에 골인하셨네요. 결혼하시고는 맏형께서 순순히 구씨 가문의 막내며느리로 인정해 주셨어요?"

"뭔 소리야. 얼마나 고생을 했는데. 형님의 차별도 한동안 계속되었지. 허허."

그래도 사모님께서 지극정성으로 살림을 맡으며 시댁 식구들 사이의 화합을 도모하는 선구자 역할을 곧잘 해냈다고 한다. 서서히 맏형의 마음이 누그러졌고 인정도 받게 되었다는 것이다.

2011년경의 일이다. 그즈음 나는 직장을 옮기면서 새로운 직장에 적응하느라 분주했는데, 나와의 인터뷰 기사가 나간 지 불과 몇 달 지나지 않아 구 회장이 갑작스레 세상을 뜨셨다는 소식을 듣게 되었다. 망연자실했다. 평소 워낙에 건강하셨던 분이라 더욱 믿기지 않는 비보였다. 오늘 세상에 처음으로 공개하는 구 회장 생전의 사모님과의 러브 스토리, 특히 '눈물 젖은 빵 스토리'는 꼭 외부 잡지에 한 번 인터뷰를 해서 기록으로 남겨 보자고 여러 차례 건의했던 내용이기도 하다. 그의 확답을 듣지도 못한 상황에서 유명을 달리해 안타까움이 더해진다.

재계의 거목으로서 또 우리 사회의 원로로서 모범적인 일생을 살다 가셨던 구두회 회장이 그립다. 그는 생전에 소외되고 가난한 이웃을 위해 많은 돈을 희사했다. 가난한 학생들을 위해 장학금을 지급하라는 그의 유지(遺志)는 사후에도 이어져 지금도 많은 학생들이 혜택을 받고 있다. 늘 진주비빔밥처럼 소박하고 담백했던 어른.

그가 살아계셨더라면 "이번에는 진주비빔밥 말고 진주냉면 좀 사주세요!" 하고 조를 텐데…. 큰 체구에 걸맞지 않게 한없이 자상했던 그가 더욱 그리워지는 오늘이다.

그곳이 참하 꿈엔들 잊힐리야
서울의 벚꽃을 보며 고향 하동을 그리워함

몇 년 전 경주 예술의 전당에서 1년간 인문학 강의를 한 적이 있다. '심리학으로 보는 영화, 그리고 세상'이라는 제목으로 시작한 이 강의 때문에 KTX로 서울역과 신경주역을 오가게 되었다. 덕분에 일주일 간격으로 조금씩 바뀌는 서울과 경주 사이의 차창 밖 풍광을 주간 드라마처럼 즐길 수 있었다. 용산역에서 출발한 열차가 신경주역에 도착한다. 신경주역 역사에서 경주 예술의 전당까지 시내버스로 혹은 택시로 이동하면서 보는 탁 트인 서라벌의 바깥 풍경이 제법 운치가 있었다.

경주에 살고 있는 지인이 경주의 문화재와 풍경을 하나하나 소개해줘 경주를 알아가는 재미도 쏠쏠했다. 매년 4월이면 벚꽃축제가 전국에서 열린다. 올해는 코로나 바이러스의 유행으로 대부분의 벚꽃축제가 취소되었다. 옛날에는 "일본 국화인

'사쿠라'를 가지고 축제를 해야 하느냐?"라는 소리도 있었다. 그러다가 벚꽃의 원산지가 우리나라다. 아니다 하는 논쟁이 붙으면서 이런 사꾸라 논쟁은 쏙 들어갔다. 대체 꽃이 무슨 죄란 말인가. 꽃에 국적이 있는 것도 아닌데 말이다.

'지금쯤 고향 하동에도 매화와 벚꽃이 한창 피고 있겠구나! 아니 지난 주말에 내린 비로 벚꽃이 마지막 꽃잎을 떨구며 낙화(落花)의 시간을 가지겠구나.' 서울 도심 곳곳에 활짝 핀 벚꽃을 보면서 문득 고향 생각이 났다. 차로 달리면 불과 몇 시간이면 가는 동네이지만, 작년에 돌아가신 어머니를 그리며 혼자 계실 아버지를 생각하면 가슴 한 곳이 먹먹해진다. 장인, 장모님이 살아 계신 고향 땅이기도 한 그곳에 일상이 바쁘면 얼마나 바쁘다고 명절이나 경조사가 있는 경우가 아니면 좀처럼 가지 못하고 있다.

케네스 로너건 감독의 영화 〈맨체스터 바이 더 씨〉의 주인공 리(케이시 애플렉 분)처럼 고향에서 상처를 받고 고향을 떠나 대도시의 익명성 속으로 숨어든 사람이 아니라면, 저마다 고향이 사무치게 그립지 않은 사람이 어디 있겠는가. 시인 정지용은 〈향수〉에서 이렇게 노래한다.

> 넓은 벌 동쪽 끝으로/ 옛이야기 지줄대는 실개천이 휘돌아 나가고
> 얼룩백이 황소가/ 해설피 금빛 게으른 울음을 우는 곳

내 고향 하동은 1902년생 정지용 시인이 그리워하던 당시의 충북 옥천은 아니지만 그에 못잖은 애절한 그리움이 묻어나는 곳이다. 가스 데이비스 감독의 영화 〈라이언〉에서 주인공 사루(아역: 써니 파와르 분, 성인: 데브 파텔 분)는 5살 때 인도에서 미아가 되어 외국으로 입양이 된다. 하지만 수십 년이 흐른 뒤에도 고향을 잊지 못한다. 그는 구글의 지리 정보인 '구글 어스'라는 프로그램을 이용하여 끝내 고향을 찾아내고 엄마를 만나고야 만다.

床前看月光(상전간월광)　평상 앞에서 달빛을 보니
疑是地上霜(의시지상상)　마치 땅 위의 서리와 같도다
擧頭望山月(거두망산월)　고개들어 산위의 달을 쳐다보고
低頭思故鄕(저두사고향)　고개숙여 고향을 생각하네
— 이태백, 〈정야사(靜夜思)〉, 전문.

당나라 시인 이태백이 노래한 그 마음이나 영화 〈라이언〉의 주인공 사루의 마음은 고향을 그리워한다는 측면에서는 같은 마음일 것이다. 어느 저녁 어스름에 집으로 돌아와 책을 펼쳤다. 고향 하동을 지키는 최영욱 시인의 시집 『평사리 봄밤』이다. 그의 시 중에서 고향에 대한 애정이 묻어나지 않는 시가 없지만, 그중에서도 노골적으로(?) 고향 생각을 다룬 시가 있다. 〈사향가(思鄕歌)〉가 바로 그것이다.

평사리 참판댁 문풍지 사이로
밤새 궁시렁대던 늙은 바람이
무덤이들 보리밭으로 마실 나가면
주갑이 아재의 서런 가락은
보리밭 골골이 아려 허치고
필동말동
두리번대던
어린 매화가
투정도 없이 배시시
저 능청스런 추임새

– 최영욱, 〈사향가〉 전문, 『평사리 봄밤』, 58쪽.

알다시피 경상남도 하동군 악양면 평사리는 박경리 여사의 대하소설 『토지』의 배경이 되는 곳이다. 주인공 서희는 평사리에 자리한 최 참판 댁의 자손이고 '무덤이들'은 밀물 때 섬진강 물이 역류하고 홍수가 나면 무시로 물이 드나들었다고 해서 붙여진 이름이라고 한다. 무덤이들은 섬진강 오백리 물길 중 가장 너른 들판이라고 한다. 들판 한복판에는 소나무 두 그루가 자리한다. 이른바 '부부송'이다. 부부송은 오른쪽의 악양루와 동정호, 맞은편의 섬진강과 어우러져 한 폭의 동양화를 연상시킨다.

'주갑이 아재'에 대해서는 최영욱 시인이 생전에 친어머니처럼

경상남도 하동군 악양면 평사리에 위치해 있는
최 참판 댁은 박경리 대하소설 『토지』의 배경이 되는 집을
현실 공간 위에 재현한 고택이다. 섬진강과 어우러진
한 폭의 동양화를 연상시키는 전경을 자랑한다.

모셨던 박경리 여사의 말을 직접 들어보자. 박경리 여사는 소설에서 600여 명이 넘는 등장인물 중에서 가장 애착이 가는 인물이 누구냐는 질문에 주저 없이 "주갑이!"라고 대답했다고 한다. 박경리 여사는 주갑이가 '염치 바르고 마음이 여리고 소심하면서도 자존심은 하늘을 찌르는' 캐릭터라 좋아했다고 한다. 최영욱 시인은 박경리 여사의 인물평에 이렇게 토를 달고 있다.

> 그 남도 사내가 외사랑으로 앓던 기화(봉순)의 죽음을 듣곤 혜란강 가에서 사향가를 부르며 학처럼 춤추며 눈물짓던 그 사내, 주갑이.

최영욱 시인은 평사리에 최 참판 댁을 복원시킨 주역의 한 사람이다. 그는 현재 토지문학제의 집행위원이고 평사리문학관 관장과 이병주문학관 관장을 겸하고 있다. 향토시인이지만 중앙문단에도 널리 알려져 있다. 시인 정일근은 최영욱 시인을 이렇게 말한다.

> 최영욱 형은 '지리산과 섬진강의 시인'이다. 지리산과 섬진강이 악양을 만들었듯 악양이 그의 시를 만들었다. 시인에게 지리산과 섬진강은 시의 본적이며 시의 생태다. 시인은 그곳에서 '생명에서 생명으로 이어지는' 지리산의 숨소리와 섬진강의 강물소리를 들려준다. 그 속에는 상처가 있고 깨달음이 있고 사랑이 있다.

그런 그이기에 최영욱 시인은 그의 시 곳곳에서 고향에 대한 애정을 쏟아내고 있다. 예컨대 시집과 같은 제목의 시 〈평사리의 봄밤〉은 이렇다.

구례 지나
지리산이 전해주는 파르티잔의
이야기를 듣다보면 평사리 있다
하동 지나
섬진강이 전해주는 '토지'의 한 서린
이야기를 듣다보면 평사리가 있다
그곳에 봄이면 꽃이 피는데
그것도 무더기로 피워대는데
서울의 노동자 부부에게 한 소쿠리
부산의 중년 부부에게도 한 소쿠리
대전 광주에서 왔다는 팔팔한 젊음에게도 한 소쿠리
그것도 고봉으로 퍼주고선 밤이면 쓸쓸하다
햇 봄 묵은 정 다 퍼주고
신이 게으름 피운다는 윤이월 봄밤에
평사리가 참 쓸쓸하다
– 최영욱, 〈평사리의 봄밤〉 전문.

다시 최영욱 시인의 시 〈사향가〉로 돌아가 보자. 그의 표현처럼 밤새 참판 댁의 문풍지 사이를 궁시렁대던 바람이 무덤이 들판에서 불고, 그 바람 소리를 따라 주갑이 아재의 서러운 노랫가락이 들려온다. 아! 들판의 바람 소리와 주갑이 아재의 노랫가락을 들으며 살짝 얼굴을 내민 어린 매화. 아름다운 풍광이 눈앞에 그림처럼 펼쳐진다. 시인 이태백의 고향은 사천성 파서군이고, 소동파의 고향은 사천성 미산현이다. 정지용의 고향은 충북 옥천 그리고 최영욱 시인과 내 고향은 경남 하동이다. 저마다 각자의 고향이 있을 것이고, 각자의 추억이 서린 그 고향은 타인에게는 절대 양보할 수 없는 꿈에도 잊을 수 없는 육신의 고향이자 마음의 고향일 것이다.

정지용이 말한 것처럼 그런 고향이 무척 그립다. 이번 주말에는 고향 땅을 기어코 밟아 보리라. 매화꽃과 벚꽃이 한데 어우러져 활짝 피었다가 서서히 지고 있을 고향. 그리는 마음이 지나치니 횡설수설이 된다. 그래도 그리운 건 그리운 것이다.

내 생애 봄날은 간다

신화 속으로 떠난 작가 이윤기와 추억의 심리학

아침 버스를 타면서 우연히 노래 한 곡을 듣게 된다. 최백호의 노래 '봄날은 간다'. 장사익도 잘 부르지만 최백호의 노래도 가히 일품이다. 노래를 듣노라니 문득 그리스 로마 신화로 유명한 작가 이윤기 선생이 생각난다. 그는 '내려올 때 보았네, 올라갈 때 보지 못한 그 꽃'이라는 글에서 이렇게 말한 적이 있다.

나의 노래를 부르면 된다는 것이 나의 생각이다. 나만이 부를 수 있는 노래, 내가 잘 부를 수 있는 노래를 부르면 되지 않겠는가. 삶 또한 그렇다. 삶의 고수들이 도처에 수두룩하다. 그들의 삶 앞에 보면 나의 삶은 늘 초라하게 보이는 경우가 허다하다. 그렇다면 나는 살지 말아야 하는가? 늘 주눅 들어 있어야 하는가? 그럴 것 없다는 것. '나'의 삶을 살면 된다는 것이 나의 생각이다.

'봄날은 간다' 노래는 몇 가지 장르의 여러 버전이 있다. 오리지널은 백설희 여사가 1954년에 부른 가요다.

> 연분홍 치마가 봄바람에 휘날리더라
> 오늘도 옷고름 씹어가며 산제비 넘나드는 성황당 길에
> 꽃이 피면 같이 웃고 꽃이 지면 같이 울던
> 알뜰한 그 맹서에 봄날은 간다
> 새파란 꽃잎이 물에 떠서 흘러가더라
> 오늘도 꽃편지 내던지며 청노새 딸랑대는 역마차 길에
> 별이 뜨면 서로 웃고 별이 지면 서로 울던
> 실없는 그 기약에 봄날은 간다

가히 국민가요 수준이다. 그 인기를 반영하듯 후배 가수들이 계속 리메이크하고 있다. 최백호, 한영애에서 장사익까지 버전마다 각기 개성이 뚜렷하다. 최근 미스트롯의 홍자와 미스터트롯의 장민호가 부른 버전도 있다. 다음으로 영화〈8월의 크리스마스〉의 허진호 감독이 2001년에 만든 영화〈봄날은 간다〉가 있다. 유지태와 이영애가 주연했다. 이 영화의 동명의 주제가는 김윤아가 불렀다.

> 눈을 감으면 문득 그리운 날의 기억/ 아직까지도 마음이 저려오는

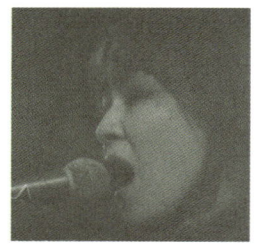

허진호 감독의 2001년 영화
〈봄날은 간다〉는 유지태와 이영애가
주연을 맡았고, 동명의 주제가는
가수 김윤아가 불렀다. '봄날은 간다'는
백설희 여사가 1954년부터 부르기
시작한 오리지널 노래 이후 최백호,
한영애, 장사익 등 여러 버전으로
리메이커되었다. 이후 영화와 뮤지컬,
에세이 등으로도 같은 이름의
창작물들이 다수 쏟아졌다.

건/ 그건 아마 사람도 피고 지는 꽃처럼/ 아름다워서 슬프기 때문일 거야. 아마도/ 봄날은 가네 무심히도/ 꽃잎은 지네 바람에/ 머물 수 없던 아름다운 사람들

윤문식, 최주봉, 김자옥이 주연한 뮤지컬 〈봄날은 간다〉(2014)도 있다. 한국 춤의 원로 김매자의 춤 인생 60년 기념공연 타이틀도 〈봄날은 간다〉(2012)였다. 철학자 김영민 교수가 쓴 인문학 에세이집 『봄날은 간다』도 있다. 김영민은 말한다.

이론은 꽃과 같은 것이다. 조금씩 이울어가는 상처의 역사 속에서만 이론의 뜻이 있다. 이론은 역사적이지만, 지는 것은 필연적이다. 하아얀 고추꽃이 떨어지면서 녹색의 싱싱한 고추가 맺히듯이, 이론은 이울고 숙지는 스스로의 무게 속에서 그 고유한 가치를 빛낸다. 지지 않는 꽃은 조화이고, 지지 않는 이론은 한갓 성경이거나 이데올로기일 뿐이다.

또 가수 캔이 부른 '내 생애 봄날은 간다'도 있다. 뒷골목 3류 인생들의 사랑 노래였는데 크게 히트를 친 걸로 기억난다.

촛불처럼 짧은 사랑/ 내 한 몸 아낌없이 바치려 했건만/ 저 하늘이 외면하는 그 순간/ 내 생애 봄날은 간다

김용택 시인의 시 〈봄날은 간다〉도 빼놓을 수 없다. 이 시는 김수현 작가의 드라마 '천일의 약속'(2011)에서 알츠하이머 병에 걸린 주인공 이서연(수애 분)의 독백으로 인용돼 화제가 되었다.

꽃도 잎도 다 졌느니라/ 실가지 끝마다 하얗게 서리꽃은 피었다마는/ 내 몸은 시방 시리고 춥다 겁나게 춥다/ 내 생에 봄날은 다 갔느니라

이렇게 많은 것 중에서 오늘 말하고 싶은 건 이윤기 선생의 자전적 소설이다. 그는 그의 소설에서 이렇게 말한다.

시간에 방울을 달아놓으면 설사 그것이 쇠방울이라고 할지라도, 세월을 어찌 보내느냐에 따라 그 주머니가 은방울로 되기도 하고 금방울로 되기도 한다고 들었다. 시간을 잘못 보내면 쇠방울은 녹슨 쇠방울로밖에는 되지 못할 테지⋯ 당신 말이야 '봄날은 간다'라는 노래가 왜 그 오랜 세월 잊히지 않고 불리는지 알아? 시간에 방울을 달지 못한 자들의 노래야⋯.

2010년에 작고한 이윤기 선생을 기려 그의 선후배 동료들이 이듬해 선생 기일에 출간한 추모 서적 『봄날은 간다: 신화 속으로 떠난 이윤기를 그리며』도 있다. 출간 즉시 구입해 개인적으로 아는 분들의 글만 읽고는 서가에 꽂아 두었는데 며칠 전에

다시 꺼내 들었다. 존경하는 이윤기 선생이 이 봄날에 보고 싶었던 까닭이다. 책을 통해서는 무수히 만났지만 실제로 그를 만난 건 딱 한 번뿐이다. 어느 초상집에서 문상객으로 우연히 만났던 선생. 나를 이윤기 선생께 소개해주었던 출판 디자이너 정병규 선생과 함께 그의 구라(?)에 도취되었던 추억이 새롭다.

소문난 체인 스모커답게 연신 담배 연기를 뿜어대며 스토리텔링에 열을 올리던 이윤기 선생의 모습이 얼마나 멋있어 보였는지 모른다. 소설가, 번역가, 신화전문가인 이윤기 선생은 니코스 카잔차키스의 『그리스인 조르바』를 번역한 적이 있다. 니코스의 자작 묘비명은 아래와 같다. 바로 이윤기 선생이 그런 사람이었다.

나는 아무것도 바라지 않는다. 나는 아무것도 두려워하지 않는다. 나는 자유이므로….

홍콩의 왕가위 감독이 2000년에 만든 〈화양연화〉라는 영화가 있다. 양조위와 장만옥이 주연을 맡았다. 화양연화(花樣年華)는 문자 그대로 '꽃처럼 빛나는 세월' 그러니까 '인생에서 가장 아름답고 행복한 시간'을 말한다. 사계절로 보면 엄혹한 겨울 추위를 딛고 꽃을 피운 봄날을 말한다. 그래서 '인생의 봄날'은 가장 기억에 남는 인생의 절정기를 뜻하는 말이 된 것이다. 연구에 의하면 사람들은 나이가 들어 과거를 추억할 때 대체로 비슷한 시기를 가장 기억에 남는 시기로 꼽는다고 한다. 대체로 10대 후반에서 20대 초반의 일을 가장 뚜렷하게 기억한다. 물론 그 이후의 일이 더 뚜렷한 사람도 있다. 이렇게 특정 시기의 일이 가장 뚜렷하게 떠오르는 현상을 심리학자들은 '회고절정(Reminiscence Bump)' 혹은 '추억절정'이라고 부른다.

영화 〈화양연화〉의 주인공 리첸(장만옥 분)과 차우(양조위 분) 두 사람에게는 낭만적 사랑을 나누었던 '꽃이 피면 같이 웃고 꽃이 지면 같이 울던' 그 시절이 화양연화였을 것이다. '나의 봄날은 언제가 될까.' 이런 상상은 늘 아름답고 정겹다. 훗날 인생의 봄날을 회고할 때 더 아름다운 낭만과 추억이 충만했으면 하는 생각이 든다. 그래서일까. 나는 이 노래 '봄날은 간다'가 편하고 마냥 좋다. 이윤기 선생의 표현처럼 아마도 시간에 방울을 달지 못했기 때문일 것이다. 올해 봄날이 다 가기 전에 내 시간에 방울을 달아 볼까 하는 생각이 간절해진다. 그런데 문제는 '시간의 방울'은 도대체 어떻게 다는지 당최 알 수가 없다는 것이다.

아~ 이렇게 또 봄날은 간다.

우리 것이 좋은 것이여!
법정 스님의 시래기와 무소유의 심리학

추석이 얼마 지나지 않아 고향에서 감 두 박스가 왔다. 양가 부모님께서 각각 보내주신 것이다. 농사를 짓지도 않는 분들이 자식들 먹으라고 굳이 감을 사서 보내주신 것이다. '내리사랑은 있어도 치사랑은 없다!'는 옛말이 틀림이 없다. 고향 경남 하동에는 특산물이 몇 개 있다. 지금은 명맥이 끊어진 것 같은데 옛날에는 하동 김이 유명했다. 김은 해태(海苔)라고도 하는데, 하동 해태는 임금님께 진상하는 김으로 유명했다.

또 하나가 하동 차(茶)다. 하동은 우리나라에서 최초로 차를 재배한 시배지(始培地)라는 자부심이 있다. 대량으로 재배하는 다른 녹차들과는 달리 야생 녹차라는 특징이 두드러진다. 그리고 대봉감이 있다. "과실 중에 으뜸은 감(柑)이요, 감 중에 최고는 대봉감이다!"라는 말이 있다. 일제강점기 때부터 대량으로 재배하기 시작했다. 지금은 박경리 여사의 소설 『토지』의 배경이 되는 하동군 악양면에서 '대봉감 축제'까지 열릴 정도다.

그런데 부모님들이 보내주신 대봉감을 나 이외에는 좋아하는 사람이 없다. 그래서 아내가 생각해낸 것이 감말랭이를 만드는 것이다. 다행히도 감말랭이는 애들도 좋아한다. 대봉감이 홍시로 변하기 전에 감을 편(片)으로 썰어서 열풍건조기에 넣어 말렸다. 모 회사에서 나온 열풍건조기를 몇 년 전에 사서 레몬도 말리고 호박도 말리곤 했다. 올해의 건조 대상은 감말랭이로 정했다. 하룻저녁 건조기로 말리고 다음날 햇볕에 다시 말렸다. "햇볕에만 말려도 될 것 같은데 왜 굳이 건조기를 사용하는가?"라며 아내에게 물었다.

아내는 "햇볕으로만 말리면 너무 오래 걸리고, 자칫 곰팡이가 생길 수도 있다."라고 한다. 감말랭이를 만들기 위해 거의 감 두 박스가 다 들어갔는데, 실제 만들어진 감말랭이 양은 얼마 되지 않는다. 누구 코에 붙이고 말고 할 것도 없을 정도였다. 아내가 놀란다. "감말랭이를 시장에서 살 때는 양에 비해 턱없이 비싸다고만 생각했는데 그게 아니었다."라는 것이다. 그러면서 "앞으로는 비싸다고 농민이나 상인 욕하지 말아야지!" 하며 반성을 한다.

아내가 감말랭이를 만드는 걸 보다가 아주 오래전의 일이 떠올랐다. 1984년 겨울이었다. 당시 대입 학력고사를 치른 후 성적 통지표가 오기 직전의 일이다. 그때 나는 법정(法頂, 1932~2010) 스님의 『무소유』를 읽고 깊은 감명을 받아서 친구와 같이 스님을 찾아뵙기로 했다. 당시 법정 스님은 순천 송광사의 말사인 불일암에 머물고 계셨다. 하도 오래전의 일이라 가물가물하지만, 불일암으로 가기 위해 송광사 한쪽의 구불구불한 산길을 올라갔던 기억이 난다.

마침내 아주 작고 아담한 전통 한옥이 한 채 나타났다. 도착해 보니 어떤 여성 잡지사의 기자와 사진기자가 먼저 와서 스님을 기다리고 있었다. 무작정 찾아온 우리와 달리 그들은 이미 인터뷰 약속이 되어 있었던 것 같았다. 누군가가 "스님은 산에 나무하러 가셨다."라고 말해 주었다. 마루에 앉아 무작정 스님을 기다리기로 했다. 한 식경이 지날 무렵 스님 일행이 산정 쪽에서 내려오는 소리가 들렸다. 우리를 보자 "어떻게 왔느냐?"라고 물으며 반갑게 맞아 주신다. 사정을 말하자 "그동안 공부하느라 고생 많았다. 좀 푹 쉬고 대학 들어가서도 보람 있게 지내라."라며 이런저런 덕담을 해 주셨다.

지금 돌이켜 기산(起算)해 보면 당시 법정 스님은 50대 초반이었던 것 같다. 특별히 기억나는 것은 "우리 학생들이 왔는데 내가 먹거리를 좀 내와야겠군!" 하시면서 나를 부엌으로 데려가신 일이다. 뭔가 전통 사찰 음식으로 보이는 한과 등의 먹거리를 내주셨다. 그때 눈에 확 들어오는 소품이 하나 있었다. '오xx 마요네즈' 병이었다. 어린 마음에 청빈한 산사의 수도승이 속세의 백성들이 먹는 서양 식료품인 마요네즈를 드시는 게 무척 신기했던 모양이다. 아마도 동물성 단백질을 섭취하지 못하는 스님들이 채소를 마요네즈와 함께 드셨던 것이리라.

또 하나, 부엌 쪽으로 가는 암자의 흙벽에 걸려 있던 우거지와 시래기도 무척 인상적이었다. 우거지와 시래기는 불일암에만 있는 게 아니었다. 스님과 헤어지고 송광사 경내를 구경하고 있는데 60대로 보이는 일본인 관광객 한 분이 사찰 건물 벽에 걸린 시래기와 우거지를 보면서 "니들은 저게 뭔지 아느냐?"라고 물었다. "안다!"라고 했더니 "우리도 시래기와 우거지를 즐겨 먹는다."라고 말했다. 자신이 한국과의 어떤 인연이 있어서 먹는다는 것인지, 통상적으로 모든 일본인들이 시래기와 우거지를 상식(常食)한다는 것인지는 기억이 나지 않는다. 그의 유창한 한국어와 2대 8 가르마에 포마드 기름으로 단정히 빗어 넘긴 헤어스타일이 기억날 뿐이다. 어쨌거나 한일 양국 사람들이 공히 채소 말린 것을 먹는다는 것을 알 수 있었다.

요 몇 년 사이 우리나라에서는 각종 식품을 말려서 먹는 게 유행이다. 예전에는 감이나 호박, 무 정도였는데 이제는 각종 과

일이나 야채는 물론 육포까지 가정에서도 만들어 먹는 모양이다. 덩달아 열풍건조기도 제법 팔린다고 들었다. 조선왕조실록에 보면 임금이 신하에게 양고기 말린 것에서부터 각종 건어물, 과일과 야채 말린 것을 하사하는 장면이 많이 나온다. 물론 거꾸로 진상하는 장면도 많다. 식품 저장 기술이 발달하지 않고 냉장고도 없던 시절에 생겨난 건조법이 21세기에 다시 유행하는 것을 보면 역시 '자연스러운 것'이 제일 좋은 모양이다. 아들과 딸이 어른이 되었을 때도 여전히 이런 건조식품을 먹겠지? 아내가 만든 감말랭이를 맛보면서 이런저런 얘기를 나누노라니 뜬금없이 고교시절에 만났던 법정 스님 생각도 나고 일본인 관광객 생각도 나고 해서 몇 줄 끄적이게 된다.

사족. 나는 일요일에만 교회에 나가는 정도인 선데이 크리스찬이지만, 독실한 신앙을 가진 기독교도인 아내도 법정 스님은 좋아한다. 스님의 저서 『무소유』를 사서 주위 사람들에게 선물로 많이 돌렸다. 다른 교리들은 모르겠으나 내가 보기에 법정의 무소유 정신은 기독 정신의 '내려놓음'과도 본질적으로는 부합하지 않나 싶다. 심리학적으로 사람들이 뭔가를 소유하려 들고 뭔가에 지나치게 집착하는 것은, 어떤 물건이나 사람 혹은 그런 사상을 가지면 자신의 불안한 마음이 사라질 수 있다고 착각하기 때문이다. 그런 사람들은 뭔가를 소유하겠다는 집착을 버리고, 마음을 비우고, 마음을 내려놓으면 우리 마음이 훨씬 더 편안해진다는 사실을 받아들이지 못한다. 더 나아가 아예 경험하려고도 하지 않는다.

당신, 내 편이라서 고마워
부부관계의 심리학

\\

강효진 감독이 연출한 로맨틱 코미디 영화 〈미쓰와이프〉(2015). 이 영화는 승소율 100%를 자랑하는 서울 법대 출신의 잘나가는 싱글 변호사 이연우(엄정화 분)의 이야기를 다룬다. 이연우는 어느 날 교통사고를 당한 후 저승으로 불려간다. 문제는 그녀의 죽음이 저승사자의 행정 처리과정에서의 실수였다는 것. 저승에서는 자신들의 잘못을 쿨(?) 하게 인정하고 이연우에게 제안을 한다. 다시 지상으로 내려가 '하늘'과 '하루' 두 남매의 엄마로 딱 한 달만 탈 없이 살아준다면 다시 이연우로 회생할 기회를 주겠다는 것이다. 다른 대안이 없는데 제안을 받고말고 할 것도 없다.

이렇게 해서 상류층 싱글의 삶을 구가하던 그녀는 하루아침에 결혼 18년 차 1남 1녀의 자녀를 둔 평범한 서민 가정의 주부

강효진 감독의 로맨틱 코메디 영화 〈미쓰와이프〉는 서울 법대 출신의 잘 나가는 싱글 변호사(엄정화 분)가 저승사자의 행정 실수로 인해 저승길을 걷게 된 황당한 사건으로 시작된다. 이후 변호사가 아닌 두 남매의 엄마로 한 달만 살아준다면 다시 이승으로 보내주겠다는 저승 측의 제안을 받고 새로운 신분으로 살게 된 하루 엄마의 좌충우돌 이야기가 이어진다. 상대 역인 하루 아빠는 배우 송승헌이 맡았다.

가 된다. 그렇지만 이른바 '남의 인생 대신 살기 프로젝트'에 적응이 쉽게 될 리가 없다. 봉투 접기 아르바이트를 위해 모인 동네 아줌마들의 극성스러운 입담에 정신이 혼미해질 지경이다. 이연우, 아니 하루 엄마는 헛구역질까지 하지만 아랑곳 않는 동네 아줌마들의 걸쭉한 수다는 끝이 없다. 당연하게도 그녀의 헛구역질이 자신들 때문인지도 모른다.

- 병원 갔다 왔어? 혹시 셋째 들어선 거 아니야?
- 네? 무슨 셋째요?
- 금슬 좋다고 동네에 소문이 자자한데 뭘 이렇게 오버해? 많이 하면 좋지!
- 나는 결혼하면 순정만화처럼 살 줄 알았는데. 쩝….
- 난 명랑만화다!
- 난 수녀다!
- 난 형제야! (다 함께 폭소)

이연우는 이렇게 하루의 엄마로 살아가는 나날이 고통스러웠지만, 이런저런 사건이 연이어 터지면서 딸 하늘(서신애 분)의 신뢰를 얻게 된다. 중학생 딸이 남학생 선배에게 강간을 당할 뻔한 일이 벌어지자 잘나가는 변호사 시절의 능력을 활용해서 통쾌하게 설욕해준 것이다. 그 일로 인해 딸의 말이 살가워진다.

"요즘 엄마가 (딴 사람처럼) 좀 이상했는데, 오늘 보니까 내 엄마가 맞는 거 같아. 조금 멋있었어!"

하루 엄마가 미혼모가 될 것을 우려해 서울 법대를 중퇴하고 구청 공무원으로 살아가는 하루 아빠 김성헌(송승헌 분). 그는 하루 엄마가 직장 상사인 최 과장으로부터 '연놈'이라는 욕설을 듣는 등 업신여김을 당하자 '내 아내를 모욕하는 놈은 절대 용서 못한다.'면서 최 과장에게 강편치를 날린다. 덕분에(?) 그는 지방으로 좌천당한다. 물론 하루 아빠는 전혀 개의치 않고 하루 엄마를 얼마나 사랑하는지 고백한다. 최 과장에게 다가가기 전부터 이런 불이익 따위는 이미 각오한 터였다.

이연우, 아니 하루 엄마는 그동안 남편과 딸에게서 신뢰를 받지 못하다가 '내 편이라서 얼마나 고마운지'를 실감하게 된 것이다. 영화는 이렇게 단 한 번도 '내 편 의식'을 경험하지 못했던 이연우가 이전과 다른 시선으로 가족을 바라보는 환한 웃음으로 끝을 맺는다. 세상 무엇과도 바꿀 수 없는 '내 편'이 있다는 게 얼마나 행복한 일인가?

영화를 보면서 옛이야기 하나가 떠오른다. 우울했지만 끝내는 훈훈했던 에피소드다. 발단은 대학 동아리 선후배들로 구성된 한 친목 단체에서 당했던 황당한 일이다. 연재하던 글을 그 단체 카톡방에 올렸는데 모 대학 교수로 있는 한 여자 후배가 내 글에 대한 반론을 차마 입에 담기조차도 거북한, 저열한 욕설로 대신한 사건이었다. 아무리 내 글이 잡문에 불과하다 할지라도 남의 글을 건성건성 읽고 제멋대로 오독하고는 정화되지 않은 감정의 토설물을 인터넷상에 악플을 달듯 올릴 수 있을까 하는 마음에 부아가 났다. 비참한 기분이었다.

더구나 대학 교수라는 자가 남의 글을 읽고는 논리적 정합성을 문제 삼는 것이 아니라 제 마음에 들지 않는다고 아무 말이나 정제되지 않은 말을 내뱉을 수는 없지 않은가? 나는 솔직히 그 후배의 히스토리에 관심이 없었다. 당연하게도 그녀의 콤플렉스가 무엇인지, 트라우마가 무엇인지에 대한 관심도 전무했다. 그녀가 쿨 하게 사과하면 한순간의 실수려니 하면서 넘기려 했었다. 문제는 단체의 전·현직 회장을 비롯한 일부 집행부 인사들의 태도였다. 그들은 이 사건에 대해서 전혀 문제의식을 느끼지 못하는 것 같았다.

이유는 알 수 없었으나 문제를 일으킨 그녀를 무조건적으로 감싸고 두둔했다. 이상한 물타기로 논점을 흐리며 사건을 덮으려고만 했다. 오히려 나를 '트러블메이커'로 취급하려는 듯한 어처구니없는 태도에 경악했다. 아무리 친목 단체라 해도 이런 기강해이를 묵과한다면 그것은 조직의 정체성과 존립 근거를 흔든다. 문제의 핵심과 해결 방법은 너무나 쉽고 간단했다. 그냥 집행부의 책임 있는 선배들 몇 명이 나서서 욕설을 한 그녀에게 엄중하게 경고하고, 그녀더러 공개적으로 사과하게 시켰다면 단순한 해프닝으로 넘어갈 일회성 사건이었다.

많은 선후배가 온·오프라인에서 그녀 및 집행부의 부조리와 몰상식을 규탄하면서 따뜻한 말로 위로하고 격려해 주지 않았다면, 그 황당한 사건으로 받은 상처가 나를 오랫동안 힘들게 했을 것 같다. 지금까지도 집행부에서는 그 어떤 조치도 없다. 아마도 그들은 사건이 유야무야 대충 넘어갔다고 자위하고 있는 모양이다.

사건 몇 개월 후, 내가 다니는 교회의 신년 특별 새벽기도 기간이었다. 예의 친목 단체의 멤버인 선배를 우연히 만나게 되었다. 그는 부부 문제를 전문으로 하는 유명한 정신과 전문의다. 이번 사건에 대해 잘 알고 있었던 선배는 예배를 마치고 귀가 준비를 하는 나를 먼발치에서 발견한 모양이었다. 그는 조용히 다가와 나를 가만히 그러나 꼬옥 안아주었다. 그는 딱 한 마디 했다. "진국, 마음 고생이 많았지?" 그걸로 끝이었다.

베테랑 정신과 전문의답게 그는 내 상처를 대번에 알아본 것이다. 그는 내 상처를 논리적으로 분석하지 않았다. 그냥 안아줌으로써 그가 나의 아픔과 분노에 적극 공감한다는 것을 몸으로 말해 주었다. 코끝이 찡해졌다.

그 선배가 지은 여러 책 중에 『당신, 내 편이라서 고마워』(두

란노, 2017)가 있다. 형이 나를 꼬옥 안아준 그날, 집으로 돌아와 책을 다시 펼쳤다. '박성덕 소장의 서로에게 힘이 되는 부부 관계법'이라는 부제가 붙은 책이었다.

그에 의하면 부부가 이혼하는 것은 성격 차이 때문이 아니라 불화를 극복하지 못하고 부부간 연합에 실패해서 멀어지기 때문이다. 그는 부부가 불화를 극복하고 연합하게 되면 배우자가 실수해도 참을성이 늘어나고 마음의 여유가 생기며 분노가 줄어들고 따뜻한 반응이 늘어난다는 것이다. 그는 부부의식(ritual)을 강조한다. 아침, 저녁 출퇴근 시간에 가벼운 포옹과 함께 서로 말로 격려를 해주는 것도 부부의식이다. 시간을 정해서 외식하거나 영화를 보기 위해서 함께 외출하는 것도 부부의식의 하나라고 한다. 그에 따르면, 어떤 부부는 서로의 이야기를 판단과 비난 없이 들어주기만 하는 '경청의 시간'을 일주일 한 번씩 갖는다고 한다. 본받아 실천해 볼만 한 매우 훌륭한 부부의식의 하나인 것 같다. 그의 말 중에 특별히 인상에 남는 말이 있다.

그렇다면 관계 회복을 위한 첫걸음은 누가 먼저 떼는 게 좋을까? 남편? 아니면 아내? 문제가 더 많은 쪽이 먼저 시작해야 한다는 사람도 있다. 어릴 때 부모에게 상처를 많이 받은 사람이 먼저 시도하기를 기다리는 사람도 있다. 잘못을 저지른 사람이 먼저 해야 한다는 사람도 있다. 하지만 나는 그렇게 생각하지 않는다. 지금 관계 회복의 필요성을 느끼는 사람이 먼저 시작하면 된다.

맞는 말이다. 부부간에 문제가 있다고 느낀다면 관계 회복의 필요성을 느끼는 사람이 먼저 시작하는 것이 옳다. 우리의 부부관계는 로맨틱한 순정만화처럼 늘 순수한 감정이나 애정만으로 유지될 수도 없고 명랑만화처럼 항상 유쾌하고 밝을 수도 없을 것이다. 우리네 인생이 기쁨과 슬픔이 교차하는 희비극인 것처럼 우리의 부부관계도 그럴 것이다. 박 소장의 말로 되새겨본다.

남편이 노력하면 아내가 행복해진다. 그리고 아내가 다가가면 남편이 행복해진다. 결국 부부가 가장 행복할 때는 자신의 배우자가 행복할 때다. 내가 먼저 용기를 내어 노력하면 결국 가장 행복해지는 건 나 자신이라는 사실을 잊지 말자.

여러분은 어떤 경우라도 믿음이 흘러넘치는 '내 편'이 있는가? 더 나아가 당신은 누군가의 영원한 '내 편'인가?

지가 살아봤냐고? 학은 무슨 학, 닭이다 닭!
정희성의 '시인본색'과 스턴버그의 '사랑의 삼각형'

호르는 것이 물뿐이랴
우리가 저와 같아서
강변에 나가 삽을 씻으며
거기 슬픔도 퍼다 버린다
일이 끝나 저물어
스스로 깊어 가는 강을 보며
쭈그려 앉아 담배나 피우고
나는 돌아갈 뿐이다
삽자루에 맡긴 한 생애가
이렇게 저물고, 저물어서
샛강바닥 썩은 물에
달이 뜨는구나

우리가 저와 같아서
흐르는 물에 삽을 씻고
먹을 것 없는 사람들의 마을로
다시 어두워 돌아가야 한다
— 정희성, 〈저문 강에 삽을 씻고〉 전문.

정희성 시인을 처음 알게 된 건 까까머리 중학생 시절이었다. 당시 창작과 비평사에서 시인의 두 번째 시집 『저문 강에 삽을 씻고』가 출간되었다. 대학생 형이 방학 때 고향 집에 두고 간 책과 LP 레코드판 사이에 끼어 있었던 것을 발견해서 읽었던 것 같다.

아무리 서정시라고는 하나 세상 물정 모르는 시골 중학생에게 도시빈민과 노동자의 회한을 그린 시가 큰 감흥이 있었을까? 물론 그 시절 세상에서 무시무시한 격변(79년의 10·26과 12·12 사태, 80년의 광주 민주화운동)이 일어났다는 것과 이 시가 그런 어두운 근대화, 산업화의 이면과 맞닿아 있다는 것 정도는 어렴풋이 짐작하는 정도였겠지만 말이다.

어쨌거나 정희성 시인과 그의 시는 꽤 인상 깊게 각인이 되었던 모양이다. 세월이 흘러 대학생이 되고 나서 그의 시집을 다시 들춰보게 되었다. 대학 신입생이 개강 첫날부터 1교시 수업도 하기 전에 최루탄과 지랄탄의 매캐한 연기에 눈물 콧물이 뒤범벅이 되던 전두환 군부독재 시절이었으니 오죽했을까. 지금 보면 유치해 보일지 몰라도 그 당시에는 이념서적이니 불온서적이니 하는 사회과학 서적들을 심각하게 탐독하던 시절이었다. 이제 막 세상에 눈을 뜬 새내기 대학생의 눈에는 내가 불온한 것이 아니라 세상이 온통 불온하게만 보였을 것이다. 그런 와중에도 정희성 시인의 시집을 읽고 있는 나를 보고 서울서 학교를 나온 동기생이 "정희성 시인은 우리 학교(숭문고) 국어 선생님이셨어!" 하는 소리를 듣고 이유 없이 반가운 마음이 들었던 기억도 난다.

> 누가 듣기 좋은 말을 한답시고
> 저런 학 같은 시인하고 살면
> 사는 게 다 시가 아니겠냐고
> 이 말 듣고 속이 불편해진 마누라가
> 그 자리에서 내색은 못하고
> 집에 돌아와 혼자 구시렁거리는데
> 학 좋아하네 지가 살아봤냐고
> 학은 무슨 학 닭이다 닭
> 닭 중에도 오골계(烏骨鷄)!
> – 정희성, 〈시인 본색(本色)〉 전문.

위 시는 『돌아다보면 문득』(창비, 2008)에 실린 시다. 『저문 강에 삽을 씻고』가 1978년에 나온 걸 상기한다면 30년이라는 세월의 간극이 존재한다. 『저문 강에 삽을 씻고』에 1945년생인 정희성 시인의 30대 초반 모습과 당시의 암울한 시대상이 고스란히 담겨 있다면, 『돌아다보면 문득』에는 이순(耳順)을 넘긴 시인의 연륜이 생활 속의 에피소드 속에서 배어 나온다.

영웅 나폴레옹의 멋진 모습도 그를 항상 곁에서 지켜보던 비서의 눈에는 평범한 인간으로 보일 수 있다. 고고한 학처럼 살아갈 것만 같은 시인도 아웅다웅, 알콩달콩 함께 살아가는 배우자의 눈에는 그저 평범한 남편으로만 보이는 게 오히려 당연한 것 아닐까? 그런 측면에서 본다면 '영웅본색'과 '시인본색'은 서로 통한다.

언젠가 카톡방에서 한 선배가 정희승 시인의 시 〈시인본색〉을 올린 적이 있다. 덕분에 나는 잊고 있었던 정희성 시인을 다시 떠올릴 수 있었다. 불현듯 장난기가 발동해서 이 시를 평소 잘 알고 지내는 시인 형님께 카카오톡 메시지로 보내드렸다.

물론 형수님께도 같이 보내드리면서 각각 상대방에게 보내드린다는 사실도 함께 고지(告知)해 드렸다. 예상대로 형수님은 무응답이고 시인 형님은 'ㅎㅎ'로 즉각 응답해 오셨다. 두 분이 다 이 시에 공감하신다는 뜻으로 받아들였다. 물론 이 시는 내게도 절절하게(?) 다가온다. 예를 들어 교회 성가대에서 활동하고 있는 아내의 동료 대원들이 나를 보면 "아이고, 집사님은 좋겠어요. 이렇게 예쁘고 자상한 아내를 두셨으니 말이에요!" 그럴 때 나는 두 가지 반응을 보인다. 잘 모르는 분에게는 "아, 네. 좋게 봐주셔서 감사합니다." 반면 어느 정도 농담이 통할 것 같은 분에게는 이렇게 말한다. "같이 살아보셨어요? 살아보시면 그런 말 안 하실 걸요?"

물론 그 농담에 사람들은 같이 허허 하고 웃고 만다. 겉으로는 천사지만 학교 선생 아니랄까봐 매사에 남편을 가르치려 드는 아내, 술이라도 한잔 하고 들어가면 더욱 냉랭해지는 아내의 '아내본색'을 사람들은 모르는 것이다. 정희성 시인의 부인 심정이 꼭 나와 같았을 것이다. "고고한 학처럼 좋은 시를 쓰고 살아가는 시인의 반려자이니 얼마나 행복할까요?" 하는 식의 주변 인물들의 말에 시인의 부인은 가슴이 답답하고 억울했을 것이다. 그렇다고 잘 모르는 사람의 말에 정색하고 반박할 수도 없고 말이다. 그래서 그녀는 집으로 돌아와서는 짐짓 혼잣말로, 하지만 시인더러 분명히 들으라며 한마디 하는 것이다. "학 좋아하네. 지가 살아봤냐고? 학은 무슨 학. 닭이다 닭!" 그런데 아내의 마지막 말이 더욱 압권이다. "닭 중에도 오골계(烏骨鷄)!" 뼛속까지 시커먼 그 오골계 말이다. 아무리 유감천만이라도 그렇지 오골계까지 들먹이실 게 뭐람. 허허허!

예일대 로버트 스턴버그 교수는 '사랑의 삼각형 이론'을 주창한 심리학자다. 그에 의하면 온전한 사랑은 열정과 친밀감 그리고 헌신(책임감)의 세 가지 요소로 이뤄진다고 한다. 사랑의 콩깍지가 씌어 아무것도 안 보이는 열정의 시기가 지나면 권태기가 찾아오게 마련이다. 사랑의 호르몬이 철철 넘쳐흐르는 시기를 지나 필연적으로 찾아올 권태기를 잘 이겨내려면 서로에 대한 이해를 더 깊이 하고, 서로 간의 호감도를 높이기 위해서 노력하는 수밖에 없다.

　그러한 노력을 스턴버그 교수의 용어를 빌려서 말하자면 친밀감과 헌신이 될 것이다. 물론 정희성 시인과 그 부인은 열정을 넘어 친밀감과 헌신으로 평생을 살아온 잉꼬부부일 것이라 확신한다. 나 역시 눈에 콩깍지는 이미 벗겨진 지 오래고 첫 만남 때만큼의 열정은 아닐지 몰라도 여전히 열정과 친밀감 그리고 책임감을 가지고 헌신하려고 노력한다. 이 말에 한 친구는 공자님 말씀이나 목사님 설교 같다고 놀린다.

　하지만 이건 진심이다. 이거 마누라가 본다고 하는 소리는 절대 아니다. ㅎㅎ

하늘나라로 떠난 어머니를 그리며
죽음의 심리학

개성 있는 바이브레이션 창법으로 큰 반향을 불러일으켰던 가수 현인(1919~2002). 그가 부른 노래 중에 '비내리는 고모령'이 있다. 1948년에 만들어진 이 노래는 일제강점기 때 고향에 어머니를 남겨두고 징용이나 징병으로 끌려간 아들의 애달픈 심정을 노래한다.

어머님의 손을 놓고 돌아설 때엔
부엉새도 울었다오 나도 울었오
가랑잎이 휘날리는 산마루 턱을
넘어오는 그 날 밤을 언제 넘느냐
맨드라미 피고 지고 몇 해이더냐
장명등이 깜빡이는 주막집에서

어이해서 못 잊느냐 망향초 신세
오늘 밤도 불러본다 어머님의 노래

일제강점기에 만들어졌지만 전후의 혼란한 사회상과 겹치면서 이 노래는 공전의 히트를 쳤다. 당시 사람들은 천리타향 쓸쓸한 주막집에서 구슬프게 어머님을 목놓아 부르는 주인공의 '망향초 신세' 타령이 바로 자신들의 노래였다고 여겼을 것이다. 이 노래는 훗날 가요무대가 선정한 한국인이 즐겨 부르는 트로트 빅3에 선정되었다고 한다.

나는 서부 경남의 작은 도시에서 태어나고 자란 경상도 촌놈이다. 대학 시절을 서울에서 보낸 덕분에 경상도 사투리 억양은 그대로 남아 있지만 어휘나 발음은 대체로 표준말에 가깝다. 하지만 고향을 지키는 분들은 당연하게도(?) 억센 경상도 사투리가 여전하다.

노래방에서 비내리는 고모령을 부르면 고향 사람들은 이렇게 시작한다. "으므님에 손을 놓고 돌아슬 때엔/ 부응새도 울웃다 오 나도 울웃소." 글 써서 먹고사는 직업 아니랄까 봐 사투리 가득 섞인 노래를 듣고 있노라면 저절로 교열본능이 작동한다. 같은 동향 촌놈 주제에 머릿속에서는 빨간 사인펜이 틀린 발음을 교정한다. 그래도 입가에 빙그레 미소가 퍼지는 건 어쩔 수 없는 일이다.

그런데 이토록 친숙한 이 노래가 오늘따라 유난히 서글프게 들린다. 얼마 전 세상을 뜨신 엄마 모습 때문이다. 주인공은 살아서 어머니와 생이별했고 나는 엄마와 사별했다. 조금의 차이일 뿐 가슴을 후비며 아려오는 슬픔은 다르지 않다.

몇 년 전 시골집에서 갑자기 쓰러져 의식을 잃은 엄마가 응급실에 실려가 24시간이 지나서야 비로소 깨어나셨다. 2,3일 회복기간이 지나자 우리 가족은 정밀검진을 위해서 엄마를 서울의 큰 병원으로 모셨다. 혹시 모를 다른 원인이 있는지 알아보기 위해서였다.

의료진은 뇌병변을 비롯한 별다른 문제를 발견하지 못했다. 문제는 바로 거기에서 출발했다. 뚜렷하게 기력이 쇠하였는데도 그 원인은 알 수 없다는 것. 단순히 노환과 기존 병력이 복합적으로 작용한 결과일 거라는, 상식적인 수준의 추정 말고는 없었다. 그렇게 엄마와 우리 가족의 '고난의 행군'이 시작되었다. 재활 치료를 위해 부모님의 임시 거처가 정해졌다. 몇 달 동안 서울에 있는 4남매 자식들 집을 1주일씩 전전하시던 부모님은 드디어 분당의 모 종합병원 앞에 있는 오피스텔에 입주하셨다. 큰 병원 앞에서 통원치료를 받으시고 필요에 따라 입원 치료도 받을 수 있는 체제를 갖춘 셈이었다.

제대로 된 진단명이 없이 시작된 재활 치료는 신통치 않았다. 단순한 도수치료와 보행연습 이외에는 없었다. 중증 환자에 대한 근본적인 재활이 아니라 단순 재활 치료로 해결될 일이 아니라는 것은 알겠는데 뾰족한 대안도 없이 속절없는 시간만 흘렀다. 그러다가 돌아가시기 며칠 전부터 영문도 모른 채 기력이 부쩍 더 쇠약해지셨다.

돌아가시기 전날 점심을 챙겨드리러 갔을 때도 안 좋은 기색이 역력해서 근처 내과의원에서 링거를 맞게 했다. 일시적이나마 기력이 회복하신 것을 보고 방심한 게 화근이었다. 바로 입원을 시켜드려야 했는데 말이다. 하루가 다른 게 노인의 건강 아닌가. 저녁 약속도 미룬 채 부모님 옆에서 간호하다가 저녁 식사를 못하시겠다는 엄마에게 죽을 사다 드렸다. 맛있게 드셨다. 자정 무렵 부모님 계신 숙소에서 나와 서울로 돌아왔다. 그게 엄마와의 마지막이었다.

다음날 오전 아침 식사 후 낮잠을 주무시다가 엄마는 하늘나라로 가셨다. 향년 85세. 하나님은 "주무시다가 편안히 하늘나라로 가시게 해달라!"라는 평소 우리 부부의 기도를 들어주셨다. 하지만 적어도 몇 년은 더 사실 거라고 믿었던 우리의 소망은 이뤄지지 않았다. 그렇게 엄마는 떠나신다는 한마디 말씀도 없이 허망하게 내 곁을 떠났다. 아버지를 제외하고는 4남매 누구도 임종을 지키지 못했다.

언제부턴가 엄마를 꼭 안고 반드시 이렇게 고백하리라 다짐하고 있었다. "엄마! 고마워요. 엄마 아들이라서 너무 좋았어요. 사랑해요!" 그러나 그날 자정에 엄마와 헤어지면서도 그냥 "내일 뵐게요. 편히 주무세요!"라는 일상적인 인사말만 건넸을 뿐이다. 평소에 잡아드리던 손 한번 잡지 않고 엄마를 떠나보낸 게 두고두고 맘에 걸린다.

구스타프 클림트(1862~1918)의 그림 중에 로마국립갤러리에 소장되어 있는 〈여성의 세 시기〉(1905)라는 게 있다. 그는 인생의 세 가지 단계를 아기(유년기), 젊은 엄마, 노인으로 나눈다. 그림 속의 주인공들은 모두가 눈을 감고 자기만의 세계에 몰입해 있다. 클림트는 사람들이 어린아이에서 성년으로 그리고 노인으로 이어지는 3단계를 통과하면서 배워야만 할 저마다의 과제가 있다고 여긴 모양이다. 클림트의 그림이 아니더라도 우리는 왜 이렇게 늙고 죽는 걸까? 평소 노환에 시달려 기운이 없었다지만 또렷한 정신에 일상생활을 그런대로 잘 영위하시던 엄마가 왜 이렇게 유언 한마디 없이 갑자기 세상을 뜨신 걸까? 『총, 균, 쇠』의 저자 재레드 다이아몬드도 나와 같은 고민을 했던 것 같다. 그는 이렇게 말한다.

> 노화의 원인을 하나 혹은 몇 가지로 압축할 수는 없다. 자연선택은 신체 내 모든 부위의 노화속도를 맞춰야 하기 때문에, 우리가 늙고

죽는 과정에서 많은 변화가 동시에 일어난다… 자연선택은 무의미한 잘못을 저지르지 않는다. 최선의 전략은 모든 부위가 마지막에 일제히 무너지도록 하는 것이다.

노화에 단일한 원인이 있다면 그 고장된 장기나 신체 부위를 고도로 발달한 현대기술을 이용하여 부품을 대체하듯 갈아 끼우면 될 것 같은데 왜 그것이 불가능할까 하는 고민을 한 것이다. 재레드 다이아몬드는 예컨대 어제까지도 정정하던 분이 갑자기 돌아가시는 원인을 '총체적 붕괴'라는 표현을 사용하여 묘사한다.

나는 총체적 붕괴라는 진화적 이상이 노화의 단일 원인을 찾는 생리학자들의 목표보다 낫다고 믿는다. 사람들은 대부분 나이가 들면서 치아가 닳거나 빠지고 근력이 약해지고 청각, 시각, 후각, 미각이 부쩍 둔해진다. 심장이 약해지고, 동맥이 딱딱해지고, 뼈가 약해지고, 신장 기능이 저하되고, 면역계의 저항력이 약해지고, 기억력이 감퇴하는 것도 노화의 흔한 증상이다. 진화는 모든 체계가 (일시에) 퇴화하도록 준비해 놓은 듯하다.

그러고는 이렇게 말한다. "실용적 관점에서 보자면 실망스러운 일이다. 노화의 단일 원인이나 주요 원인이 있다면 이것만 치료하면 젊어지는 샘물을 마시는 셈일 테니 말이다. 하지만 자연선택은 우리가 하나의 치료법이 있는 하나의 메커니즘을 통해 퇴화하도록 내버려두지 않을 것이다. 어쩌면 이게 다행인지도 모른다. 우리가 모두 몇백 년씩 살면 세상이 어떻게 될까? 여분의 시간은 무엇에 쓸까?" 맞는 말이다. 총체적 붕괴라는 표현도 납득이 가고 몇백 년을 오래 사는 것 또한 실존적으로 무슨 의미가 있겠는가. 그렇다 하더라도 재레드 다이아몬드의 말처럼 엄마의 죽음이 총체적 붕괴라면 엄마의 죽음 앞에서 '심리적으로 총체적 붕괴' 상태가 된 것 또한 사실이다.

사람의 발달단계나 성숙에 대한 여러 심리학자들의 의견은 분분하다. 구스타프 클림트처럼 인생을 크게 몇 단계로 나누어 설명하는 이들이 많다. 나름대로 사람이 철이 드는 세 가지 단계가 있다고 본다. 1단계가 결혼해서 애를 낳았을 경우이다. 애를 낳아 기르다가 애가 아플 경우가 있다. 그때 부모는 누가 가르쳐주지 않아도 "내가 우리 애 대신 아파주면 안 될까?" 하는 무조건적인 이타심이나 긍휼한 마음이 절로 우러나온다.

사람들은 자신의 어린 시절은 잘 모르고 지내지만 아이를 통해서 새롭게 체험한다. 그러므로 1단계는 생로병사 중에서 생(生)의 단계에 해당한다고 볼 수 있다. 2단계는 40대 이후 중년기이다. 40대는 정신적 성숙과 아울러 육체적 노화가 막 시작되는 시기이기도 하다. 중년이 되면 소위 말해 세상을 살면서 산전수전 다양한 경험을 쌓고 그 과정에서 축적된 인생에 대한 통찰과 지혜를 갖게 된다. 생로병사 중에서 노(老)의 단계에 속한다.

3단계는 부모님의 죽음이다. 사람들은 중년 이후 노년기에 들어서기 전부터 이미 자신의 죽음을 의식하고 산다. 칼 융은 말한다. "나이가 들어서 죽음을 목표로 삼고 준비하지 못하거나, 젊어서 미래에 대한 상상을 억압하는 것은 둘 다 신경증에 속한다." 물론 부모님의 죽음이 자신의 죽음이 아니다. 아이의 출생을 통해 자신의 출생 초기를 되돌아보듯 부모님의 죽음을 통해 자신의 죽음을 미리 연습하는 것이라고 할 수 있다. 생로병사 중의 병(病)과 사(死)가 3단계에 해당한다.

융 심리학자인 안셀름 그륀은 융의 말을 이렇게 해석한다. "죽음을 준비하고 죽음을 두려움 없이 다가갈 수 있는 목표로 정할 때 우리 영혼은 건강하다." 맞는 말이다. 그의 말처럼 죽음은 영원한 이별이기도 하지만 동시에 새로운 시작이고 영원한 고향으로의 귀환일 것이다. 그럼에도 엄마가 돌아가신 지 얼마 되지 않았을 때는 총체적으로 몸과 마음이 붕괴되었었다. 다이아몬드의 해석을 가슴으로 공감하기는 어려웠다. 그냥 생전에 엄마를 잘 모시지 못한 불효자일 뿐이었다. 아무 예고도 없이 불쑥 찾아온 엄마와의 이별에 절망했을 뿐이다. "그때 조금 더 잘해 드릴 걸!" 하는 자책들이 쉼 없이 올라온다. 책을 읽다가도, 길을 걷다가도, 잠을 자다가도….

　아직까지 감당하기 어려운 엄마의 죽음 앞에서 하고픈 말은 하나뿐이다. 미루지 말라는 것이다. 이론은 다 필요 없다. 실천이 중요하다. 지금이 부모님과의 마지막 순간일지도 모른다. 엄마 손을 잡고 사랑한다고 고백하시라. 아버지를 안고 당신 아들이어서 좋다고 말씀드리시라. 언제까지 때만 기다릴 것인가. 이별은 도둑처럼 우리를 찾아온다. 마시면 젊어지는 샘물은 없다. 뒤늦은 오열과 뒤늦은 고백은 어리석음일 뿐이다.

비 갠 푸른 언덕,
붉은 비처럼 떨어지는 복사꽃

정지상의 한시(漢詩)와 유토피아 심리학

일요일 오후처럼 좀 여유 있는 시간에 사람들은 뭘 할까? 개인적으로 서울 집 근처 용산가족공원을 거쳐 공원과 하나의 울타리로 연결되어 있는 국립중앙박물관 경내를 산책하곤 한다. 이렇게 공원을 거닐고 박물관을 둘러보다 보면 주중에 쌓인 스트레스도 풀리고 어느 정도 재충전도 되고 기분이 상쾌해진다.

공원과 박물관 경내 풍광은 늘 바뀐다. 계절별로 여러 가지 꽃들이 만개하여 사람들의 눈을 즐겁게 한다. 얼마 전부터 박물관 뜰에는 복사꽃이 피기 시작했다. 내게는 마음속 깊이 존경하는 선생님이 몇 분 계신다. 그중 한 분이 학술원 회원이신 김인환(金仁煥) 선생님(고려대 명예교수)이다.

80년대 대학 신문사 학생 기자였을 때 주간교수였던 선생님을 뵌 이래 30여 년의 세월이 흐르는 동안 내 인생에 정말 큰 영향을 주신 분이다. 선생님은 국문학과 교수였지만 심리학도였던 내게 문사철(文史哲)을 넘어 광대무변의 인문학 세계가 무엇인지를 몸소 보여주신 평생의 은인이시기도 하다. 또 온화하면서도 고매한 인격을 지닌 분이다. 기품 있는 조선의 선비를 연상시킨다. 프로이트에서 원효, 자본론에서 주역까지를 자유자재로 넘나드는 우리 시대 최고의 인문학자요 문학평론가이시다.

선생님처럼 동서고금을 오르내리는 해박한 지식과 융복합적 시각으로 문학과 사회를 분석할 수 있는 사람은 우리 사회에 많지 않다. 선생님의 박람강기(博覽强記)와 무장무애(無障無碍)한 통섭의 세계는 당대에 필적할 사람이 없다고 해도 과언이 아닐 것이다. 솔직히 우리 사회에 과대평가된 인문사회학자들이 적지 않다. 이에 반해 선생님은 유달리 과소평가된 분이다. 자신을 드러내지 않고 항상 겸손한 당신의 성정과 무관하지 않을 것이다.

그는 구만리장천을 나르는 대붕(大鵬)을 연상시키는 분이다. 꼭 날을 정해놓은 것은 아니지만 한 번씩 동학들과 함께 선생님을 모시고 술잔을 앞에 놓고 선생님 강의를 듣는 것보다 더 즐거운 일은 그리 많지 않다. 지금도 선생님을 모시는 날이라고 연락을 하면 40대 후반에서 50대 동료 선후배들이 다들 설레는 마음으로 모여든다. 우리 같은 연작(燕雀)이 대붕이 소요하는 장천의 세계를 상상하기는 쉽지 않다. 우리가 숨죽여가며 노

석학의 말씀을 한 마디라도 놓칠세라 귀를 기울이는 모습을 타인들이 보면 아마 장관일 것이다.

연전에 김인환 선생님께서 책을 한 권 보내 주셨다. 당시 문학과 지성사에서 나온 『고려 한시 삼백 수』가 그 책이다. 그때부터 짬짬이 시간을 내서 선생님의 책을 정독하고 있다. 한시 번역을 잘하는 이들이 많지만 선생님처럼 '정직하게' 한문을 번역하는 분들도 드물 것이다. 선생님은 한시 번역에 대하여 이렇게 말씀하신다.

> 글자 한 자 한 자를 어떻게 번역했는지 명확하게 밝혀야 오역인지 아닌지를 독자가 분명하게 판단할 수 있다. 좋은 시와 나쁜 시가 한 자나 반 자 사이에서 결정되므로 글자 하나하나를 무시하고 대충 두루뭉수리로 옮기는 것은 시의 번역이라고 할 수 없다. 나는 이 책에서 한문과 국문의 글자 하나하나가 어떻게 대응되는지를 분명하게 해명함으로써 한시 번역을 논쟁의 대상이 될 수 있도록 하였다.

책을 읽다 보면 선생님께서 손수 선별하신 300수의 고려 한시들 하나하나에 다 눈길이 간다. 한자와 우리말을 한 자 한 자 대응시켜 풀어주시는 선생님의 자상함이 전해온다. 오늘은 그중에서 정지상(鄭知常)의 한시 〈이별〔送人〕〉과 〈취하여〔醉後〕〉 두

편을 골라 읽어본다. 먼저 교과서에도 실린 적이 있어 우리가 익히 알고 있는 이별이라는 시다. 김인환 선생님의 번역으로 한 번 읽어보자.

雨歇長堤草色多(우헐장제초색다)
送君南浦動悲歌(송군남포동비가)
大同江水何時盡(대동강수하시진)
別淚年年添綠波(별루년년첨록파)

비 멎은(雨歇) 긴 둑에(長堤) 풀빛이(草色) 짙은데(多)
남포에서(南浦) 님 보내며(送君) 슬픈 노래(悲歌) 부른다(動)
대동강 물이(大同江水) 어느 때(何時) 다할 것인가(盡)
이별의 눈물이(別淚) 해마다(年年) 푸른 물결에(綠波) 보태지니(添)

정지상은 비가 그친 뒤 불어난 강물, 길게 뻗은 강 언덕과 그 언덕에 더욱 짙어진 풀빛을 그림처럼 그려내고 있을 뿐이다. 그런데도 이별하는 연인들의 북받치는 슬픔이 더욱 증폭되어 우리에게 전해온다. 이별의 통한을 단 28자만으로 이렇게 잘 묘사한 시가 또 있을 것 같지 않다. 정지상은 고려 전기의 문인이다. 묘청의 난에 연루되었다는 누명을 쓰고 억울하게 처형된 비운의 정치인이다.

정지상을 정치적으로 옭아매 순식간에 죽음으로 몰고 간 사람이 바로 삼국사기의 저자 김부식이다. 위의 시 이별〔送人〕을 읽다 보면 노회하고 고루한 정치가 김부식과는 상당히 다른 정지상의 자유로운 문사적 면모가 느껴진다. 꼿꼿한 사대부 문인이었지만 권모술수와는 거리가 멀었던 정지상이 권력의 화신이었던 김부식을 당해낼 수는 없었을 것이다. 한편 정지상의 다른 시 취하여〔醉後〕 역시 서정시지만 이별과는 또 다른 멋이 있다. 정지상은 이렇게 노래한다. 역시 김인환 선생님 번역이다.

桃花紅雨鳥喃喃(도화홍우조남남)
繞屋靑山閒翠嵐(요옥청산한취람)
一頂烏紗慵不整(일정오사용부정)
醉眠花塢夢江南(취면화오몽강남)

복사꽃이(桃花) 붉은 비처럼(紅雨) 떨어지고 새들은(鳥) 지저귀는데(喃喃)
집을 둘러싼(繞屋) 청산에는(靑山) 푸른 이내가(翠嵐) 한가하다(閒)
이마에 걸친(一頂) 관복사모(烏紗) 게을러서(慵) 바로 하지 못하고(不整)
취하여(醉) 꽃동산에(花塢) 누워 자면서(眠) 강남을(江南) 꿈꾼다(夢)

간신배들이 판을 치는 어지러운 현실 세계에서 유토피아를 꿈꾸는 선비 정지상의 애틋한 감정이 애처롭기 그지없다. 정지상은 김부식 같은 난신적자(亂臣賊子)들을 보며 그날도 신물이 나고 진저리를 쳤을 것이다. 아마도 정지상은 이런 꼴이 보기 싫어 그날 일찌감치 퇴청했던 것 같다. 때는 복사꽃이 붉은 비처럼 떨어지고 집 주위 산에는 아지랑이가 피어오르는 따뜻한 봄날이었던 모양이다. 하지만 춘래불사춘(春來不似春)이라고 정지상의 마음은 봄이 와도 봄 같지 않았을 것이다. 가솔들이 주안상을 차려왔지만 그는 아마도 혼자서 술을 병째로 든 채 벌컥벌컥 들이킨 모양이다. 그만 낮술에 대취한 정지상은 관복을 입고 흐트러진 채로 비몽사몽 한다. 술에 취해 복사꽃이 붉은 비처럼 바람에 흩날리는 꽃동산에서 깜박 잠이 든 정지상. 난세에 절망한 그는 새로운 희망의 유토피아를 꿈꾼다. 아마도 강남(江南)은 정지상이 꿈꾸는 이상향이었을 것이다.

사족. 유토피아는 영국의 사상가 토마스 모어(1478~1535)가 만든 말이다. 그리스어의 '없는(ou-)'과 '장소(toppos)'라는 두 말을 결합해 만든 신조어다. 현실에는 존재하지 않는 이상향이란 뜻이다. 고단한 현실에 절망한 사람들은 유토피아를 꿈꾼다. 고단한 현실을 잊고 싶고, 일종의 환상을 통해 위안 받고 싶은 것이다. 정지상과 마찬가지로 사람들은 저마다의 꿈이 있다. 각자 자신만의 강남이 있다. 너는 너대로 나는 나대로 유토피아가 있다.

주말에는 비가 오더니 어느새 맑게 개어 여름을 재촉하는 신록이 더욱 푸르다. 정지상이 이별을 노래했던 그날 대동강 남쪽 포구의 언덕처럼. 이번 주는 가보지 못한 중앙박물관에도 예의 복사꽃이 활짝 피었을 것이다. 정지상처럼 박물관의 비가 갠 언덕 복사꽃 그늘 아래서 술잔을 들이키고 싶다. 이 봄날이 다 가기 전에 정지상처럼 이상향을 꿈꾸며 잠들고 싶다. 그게 강남이든 유토피아든 간에 말이다.

2장

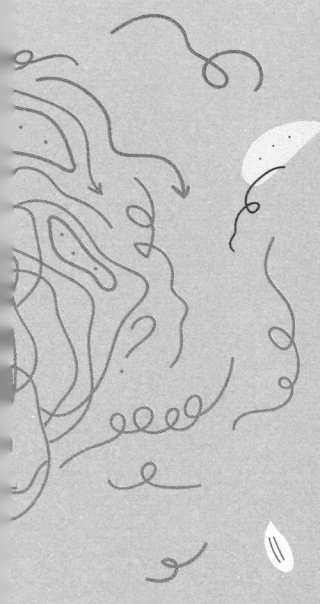

라면은 왜
'파송송 계란탁' 해야 맛있나?

주인공은 왜 모두 집으로 가고 싶어 할까?
'오징어 게임'과 친족 보살핌 본능

 2021년 가을을 만산홍엽(滿山紅葉)만큼이나 붉게 물들였던 드라마, 황동혁 감독이 연출한 '오징어 게임'. 결론부터 말하면 재미있다. 요즘에는 예술적인 완성도가 좀 떨어지더라도 재미가 있으면 모든 게 용서된다. 더구나 이 드라마는 외딴섬이라는 어떤 가상의 공간과 현실 사이를 오가며 펼쳐지기 때문에 개연성에 얽매일 필요도 없다. 상업성이 강한 일종의 성인용 잔혹동화라 할 수 있다.

 우리는 동화 '신데렐라'에서 주인공의 의붓언니들이 구두에 발을 맞추기 위해 발가락을 자르거나 혹은 발뒤꿈치를 자른다고 리얼리티를 문제 삼지 않는다. 언니들이 비둘기에게 눈이 쪼이는 벌을 받아도 그 잔인함에 섬칫하기보다는 오히려 통쾌해

한다. '헨젤과 그레텔'에서 주인공 남매가 마녀를 화덕에 밀어 넣어 죽인다고 잔인하다고 책망하지 않는 것처럼 말이다.

진화심리학자 더글러스 켄릭 등에 의하면 사람들은 크게 7~8가지의 본능을 가지고 있다. 사람들은 자신을 보호하고 싶어 하고(안전 본능), 질병을 피하고 싶어 한다(건강 본능). 또한 사람들은 어떤 때는 협력하고(협력 본능) 때로는 경쟁한다(경쟁 본능). 뿐만 아니라 강렬한 자극을 추구하기도(자극 추구 본능) 하고 배우자를 찾거나(짝 획득 본능) 혹은 착한 배우자로서 가정을 꾸리기도(짝 유지 본능) 한다. 자신의 아이나 조카, 손주, 반려동물 등을 돌보는 본능(친족 보살핌 본능)도 있다.

데스 게임을 소재로 한 흔한 영화 중의 하나일 수도 있었던 오징어 게임이 흥행에 성공한 근본 원인으로 탁월한 심리 묘사를 빼놓을 수 없다. 오징어 게임은 앞에서 말한 인간의 여러 가지 본능을 대표하는 캐릭터들을 적절하게 선정해, 그들 간의 조화와 갈등 관계를 통해 인간의 심층 심리를 다이내믹하게 풀어낸다.

먼저 주인공 성기훈(이정재 분)은 공고를 나와 자동차 회사에 취직했다가 구조조정을 당한 인물이다. 실직 후에 치킨집, 분식집 등을 운영했지만 망해서 빚더미에 올라앉았고 심지어 이혼까지 당했다. 결국 어머니 집에 얹혀사는 처지가 되지만 경마

도박에 빠져 있는 한심한 인생이다. 빚쟁이에게 신체포기 각서까지 써주는 등 벼랑 끝에 몰린 기훈에겐 이 데스 게임이 마지막 탈출구인 셈이다. 그런데 기훈은 '협력 본능'을 대표하는 따뜻한 캐릭터다. 어쩌다 막장 인생으로 전락했지만, 목숨을 건 데스 매치에서도 오일남(오영수 분)이나 강새벽 같은 노약자나 여성을 배려할 줄 안다. 물론 구슬치기에서는 '안전 본능'에 사로잡혀 오일남을 속이기도 했지만 말이다.

반면 기훈과 같이 어린 시절을 보냈지만 서울대 경영학과에 수석 입학하고 엘리트 금융인이 된 조상우(박해수 분)는 '경쟁 본능'을 상징하는 캐릭터다. 그는 개천에서 난 용이었지만, 회삿돈을 횡령해 투자했다가 쫄딱 망한 인물이다. 조상우는 자신의 생존과 게임의 승리를 위해서 물불을 가리지 않는 냉혈한이다. 구슬 게임에서 알리를 속여 그를 죽게 만든 것, 징검다리 게임에서 앞사람을 밀어버리거나 부상 당한 강새벽을 서슴지 않고 죽인 것 등이 그의 성격을 잘 보여준다.

게임을 주최한 오일남은 뇌종양을 앓고 있다. 엄청난 재력가이지만 사람에 대한 믿음이 없다. 기훈과 달리 엄동설한에 길가에 쓰러져 있는 노숙자를 누구도 돕지 않을 거라 확신한다. 삶에 대한 재미도 없다. 그가 데스 게임을 벌인 까닭도 또 그 게임의 관중이 아니라 직접 게임에 참여한 것도 오직 '재미'라는 자

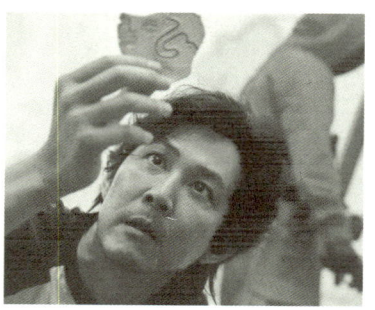

2021년 하반기의 최고
히트상품이라 할 수 있는
넷플릭스 드라마 '오징어 게임'.
결론부터 말하자면 재미있고
현실성이나 개연성에 얽매일 필요가
없는 일종의 성인용 '잔혹동화'다.
이 작품은 진화심리학자
더글러스 켄릭 등이 얘기하는
인간의 7~8 가지 본능이 작품 속
인물들에서 단적으로 드러난다.

극을 추구하기 위해서였다. 오일남은 최종 승자로 살아남은 성기훈을 그의 거처로 초대한다. 기훈은 왜 이런 무자비한 데스 매치를 계획했냐고 따진다. 그런데 일남의 대답은 너무나 허무하다. "너희들은 그저 내가 만든 게임의 말에 불과했어!" 일남은 동화 속의 마녀와 같은 캐릭터다.

　기훈은 주최 측에 항변한다. "잘 들어, 나는 말이 아니야. 사람이야. 그래서 나는 궁금해, 너희들이 누군지, 어떻게 사람에게 이렇게 할 수 있는지… 그래서 난 용서가 안 돼." 기훈이 협력 본능의 상징이라면, 오일남은 오직 재미를 위해 게임을 벌이는 '자극 추구 본능'의 화신이다.

　기훈-상우-일남으로 대표되는 세 개의 축을 중심으로 강새벽과 지영, 알리가 있고, 장덕수와 한미녀 등의 조연들이 저마다의 개성을 드러낸다. 그런데 목숨을 건 경기에서 작중 인물들에게 이 외딴섬은 바깥의 현실 세계나 다름없는 지옥이다. 그들은 여기서 죽으나 저기서 죽으나 마찬가지라는 생각에 일확천금을 노리고 자발적으로 죽음의 경기에 참가했던 것이다.

　그들은 삶의 벼랑 끝에 섰다는 것 말고도 한결같이 '가족이 있는 편안한 집'으로 돌아가고 싶다는 동일한 꿈을 꾼다. 하지만 현실은 냉혹하다. 그들은 한결같이 가족이 없거나, 있어도 만나지 못하거나, 만날 형편이 아닌 것이다.

성기훈은 이혼남이고 그의 아내는 딸을 데리고 재혼했다. 그에게 처자식이 기다리는 따뜻한 집은 없다. 병든 홀어머니만 그를 기다릴 뿐이다. 조상우도 노총각이고 개인 파산으로 인해 홀어머니에게 가고 싶어도 가지 못한다. 오일남도 임종 자리를 지켜줄 가족조차 없다. 탈북자인 강새벽도 마찬가지다. 남쪽에 남은 가족이 오직 동생 강철뿐이다.

사람들은 누구나 자신들의 부모 형제나 자식, 조카 등을 돌보거나 돌봄을 받으려는 친족 보살핌 본능을 가지고 있다. 그것은 집으로 돌아가야만 가능하다. 게임 중에 기훈과 상우는 이런 대화를 한다.

상우야! 우리 여기서 게임 끝내고 집으로 가자!
형! 어릴 때 이러고 놀면 엄마가 밥 먹으라고 불렀는데, 이젠 아무도 안 부르네!

그리고 마지막 결투에서 자살을 택한 상우가 한 부탁도 "엄마를 돌봐 달라!"라는 것이었다. "형! 우리 엄마… 우리… 우리 엄마." 강새벽에게 승리를 양보한 지영은 "넌 여기서 나갈 이유가 있지만 난 없어!"라고 말한다. 지영은 자신을 성폭행하고 엄마를 살해한 아빠를 죽인 전과자이기 때문이다. 강새벽 역시 죽어가면서 성기훈에게 이렇게 말한다.

아저씨! 나 집에 가고 싶어!

  그들은 돌아갈 가족이나 집이 없어도 다들 집으로 돌아가고 싶어 한다. 인류의 가장 오랜 집단인 가족, 그 가족이 모여 사는 집이 우리에게 무엇을 상징하는지는 두말할 필요가 없을 것이다. 오징어 게임 속의 다양한 장치와 컬러풀한 배경, 추억을 불러일으키는(외국인에겐 이국적이겠지만) 옛날 게임 등이 극에 재미를 더하고 흥행에 플러스 요인이 됐을 것이다.

  하지만 다양한 인간의 본능, 특히 가족과 집에 대한 향수를 불러일으키는 '친족 보살핌 본능'을 밑바닥에 깔고 그 외 다양한 본능을 심층적으로 터치한 것이 보이지 않는 최대의 흥행 요인이 아니었을까? 장기판의 졸(卒) 혹은 체스판의 말과 같은 기훈이나 오일남과 같은 거부(巨富)에게도 인간의 본능은 차별 없이 보편적으로 작동하는 것이니 말이다.

서점 문지방을 넘어 멈춤의 세계로 들어가라
서점을 찾는 심리학

1986년 즈음이다. 그해 여름방학에 일본 도쿄에서 일주일 가량 머문 적이 있다. 일본 외무성과 한국의 교육부(당시 문교부)가 공동 주최하는 한·일 대학생 문화교류 프로젝트 일환으로 일본 방문 프로그램에 참여한 덕분이다. 당시 도쿄와 교토를 돌아보면서 일본 문화를 처음으로 체험할 기회가 있었다.

그중에서 가장 인상에 남은 것은 도쿄 시내 진보초(神保町) 역 근처에 있었던 대형서점 산세이도(三省堂)와 그 주변의 고서점 거리였다. 당시 우리나라에도 종각역 주변에 종로서적이 있었고 광화문에 교보문고 등의 대형서점이 들어설 때였다. 하지만 그때 처음 본 산세이도는 경상도 깡촌에서 올라와 막 서울생활을 시작한 더벅머리 대학생을 압도하고도 남았다.

산세이도가 모두 몇 층이었는지도 생각나지 않는다. 다만 지금의 교보문고와 비교도 안 될 정도로 넓은 면적에 서점의 각 층을 에스컬레이터가 연결하고 있었던 건 또렷이 기억난다. 1980년대 서울에서도 에스컬레이터가 있는 건물이 그리 많지 않았었다. 산세이도 주변에 자리한 엄청난 규모의 고서점 거리도 장관이었다.

세월이 한참 지난 지금이야 산세이도와 진보초 고서점 거리를 다시 보면 좀 다르겠지만, 그때 진보초 거리의 초대형서점과 분야별로 특화된 수천 개의 고서점이 함께 어우러진 '제국의 문화 아우라'에 기가 죽었던 것은 사실이었다. '아! 제국주의는 아무나 하는 것은 아니구나!' 물론 이는 제국주의라는 체제의 윤리적 정당성 문제와 별개로 하는 소리다.

세월이 흘러 2021년 8월, 미국 오리건 주 포틀랜드에 있는 파월서점(Powell City of Books)을 방문하게 되었다. 사실 파월서점의 존재를 사전에 알고 간 것은 아니었다. 여행을 함께 갔던 아들과 딸이 내가 책을 좋아하고 서점을 좋아한다는 것을 알고 여행 코스에 파월서점을 넣었던 것이다. 일단 파월서점 본점은 거리의 한 블록을 고스란히 자신들의 건물로만 채우고 있었다. 미국의 일간지 USA투데이는 파월서점을 미국에서 가장 아름다운 10대 서점 중 하나로 꼽았고, CNN도 '세계에서 가장 멋진 서점 중 하나'로 평가한 적이 있다고 한다. 1971년에 설립된 파월서점은 서점을 9가지 색으로 구분하고 3,500개 이상의 섹션으로 나누고 있었다.

특이한 것은 파월서점이 400만 권 이상의 책을 보유하고 있는데, 매달 수천 권씩의 중고서적을 사들이고 있다는 점이다. 비유하자면 파월서점은 한국의 교보문고와 알라딘 중고서점을 합쳐 놓은 형태다. '세계 최대 규모의 독립서점'이라는 자부심이 바로 여기서 나오는 것 같았다.

기존의 대형서점이나 브랜드 서점은 새로 나온 책들을 빠른 속도로 유통하면서 수익을 창출하는 방식을 택한다. 하지만 독립서점들은 거대 자본과 거리를 유지하면서 수익 창출 자체에만 매몰되지 않는다. 그들은 철저히 독자 입장에서 독자에게 필요한 신간뿐만 아니라 중고책이나 절판된 책까지 함께 공급한다. 매력적인 장점이다.

파월서점에 여러 날 머물면서 서점 전체를 둘러보고 싶었지만, 일정상 그렇게 하지는 못하고 관심 있는 분야를 중심으로 한나절 이상 둘러보고 책을 사기로 했다. 특별히 좋았던 점은 서양미술사나 인류학적 상징에 관한 책 중에서 지금은 절판돼 구하기 힘든 책을 다수 구할 수 있었다는 것이다. 더구나 큰 판형에 올컬러로 된 책이라 비쌀 수밖에 없는 책인데도 불구하고 20권 가량을 구입했음에도, 총 가격이 우리 돈으로 20만 원을 넘지 않았다. 요즘 젊은이들이 가치 있는 물건을 수중에 넣었을 때 '득템'했다고 하는 표현처럼 나야말로 파월서점에서 크게 득템한 셈이었다.

오디오북이니 전자책이니 하면서 여러 형식의 책이 나오면서 우리 사회에 자리를 잡은 지 꽤 많은 시간이 지났다. 이들은 대개 종이책보다 싸고, 종이를 절약할 수 있고, 책을 구입하는 시간은 물론 책을 유통하거나 보관할 공간까지 절약할 수 있다는 장점이 있다. 그렇다고 해서 종이책에 대한 우리의 아주 오랜 기억들, 우리 인류의 뇌 한구석에 깊이 각인되어 있는 이 기억들이 하루아침에 망각의 강을 건너 사라질 것이라고 생각하는 사람은 없을 것이다.

'디지털 문화에 대한 피로감'이 아날로그적인 종이책을 계속 찾게 하고 서점을 찾게 만든다는 분석은 과연 사실일까. 그렇지 않다. 우리 사회가 급속히 디지털 사회로 접어들면서 종이책이 사라질 것이라고 예언한 사람이 많았다. 하지만 전 세계적으로 종이책의 종류와 발행 부수가 오히려 늘었으면 늘었지 줄었다는 소리는 한 번도 들어본 적이 없다.

그렇다면 왜 우리는 종이책을 찾고, 서점을 찾아가는 것일까? 사람들은 책에서 나오는 냄새를 좋아한다. 인쇄되어 나온 책에서 풍기는 냄새는 왠지 사람을 끌어당기는 마력이 있다. 나는 아주 오래된 고서의 퀴퀴한 냄새까지도 좋아한다. 신간이든 구간이든 서점에 가서 책의 향기를 맡으면서 손으로 책장을 넘기

1971년에 설립된 파월서점은 CNN이 '세계에서 가장 멋진 서점 중 하나'로 평가하고 있는 세계 최대 규모의 독립서점으로 꼽힌다. 독립서점들은 거대 자본과 거리를 유지하면서 수익 창출 자체에만 매몰되지 않는다. 철저히 독자 입장에서 독자에게 필요한 신간뿐만 아니라 중고책이나 절판된 책까지 함께 공급한다.

는 순간, 우리는 일상에서 탈출하여 완전히 새로운 세계로 진입한다.

서점의 문지방을 넘어 멈춤의 세계로 들어가라!

스페인의 한 저널리스트는 이렇게 말했다. 그는 우리에게 책장에서 책장까지 천천히 걸어가면서 시간이 정지된 느낌을 즐기라고 한다. 상상력이 우리의 손끝에 가하는 모든 것을 음미하라고 말한다. 그것은 결코 값을 매길 수 없다는 것이다. 우리는 저자가 들려주는 흥미진진한 스토리에 몰입하면서 심리적 해방감을 만끽한다.

그 순간 우리는 학업, 회의, 가사, 전화 등 일상적 스트레스에서 온전히 자유롭다. 저자의 스토리텔링 속도는 오직 우리가 책장을 넘기는 속도에 달려 있다. 그런 해방감을 경험하고 난 뒤에 다시 돌아온 일상은 이전의 일상과 결코 같지 않을 것이다. 누군가 이런 말을 했다.

서점에서 길을 잃는 것보다 좋은 것은 없다.

숲에서 길을 잃으면 자칫 목숨까지 잃을지 모르지만 서점에서 혹은 책 속에서 길을 잃으면 우리는 온전한 마음의 안식과 재충전을 경험한다. 책 속에서 서점에서 길을 잃었다가 돌아온 사람에게서 나오는 기운과 향기를 선인들은 서권기 문자향(書券氣 文字香)이라고 했다. 책을 많이 읽고 교양을 쌓으면 몸에서 책의 기운이 풍기고 문자의 향기가 난다는 뜻일 것이다.

'꽃향기는 백 리를 가고, 술 향기는 천 리를 가고, 사람 향기는 만 리를 간다(花香百里 酒香千里 人香萬里)'라는 말이 있다. 이때의 사람 향기가 바로 서권기 문자향이 아닐까? 우리나라에도 대형서점이 더 많아지고, 파월서점 같은 큰 독립서점도 생기고, 골목골목 크고 작은 독립서점들이 즐비했으면 한다. 그리하여 책의 향기, 사람의 향기가 가득했으면 하는 바람을 먼 이국 땅에서 보낸다.

니들 이제 X됐어(You're f****d)!
졸업의 심리학

둘째인 딸이 얼마 전에 대학을 졸업했다. 코로나가 뭔지? 시국이 시국인 만큼 졸업식 자체가 없었다. 그냥 캠퍼스 한 곳에 포토존을 몇 군데 만들어 졸업생들과 그 가족들이 기념촬영을 할 수 있도록 배려한 게 전부였다. 아직 겨울이 남아 있는 넓고 황량한 캠퍼스는 마스크를 쓴 졸업생들과 가족들만 군데군데 보일 뿐 을씨년스러웠다.

딸은 나름 취직이 제법 잘되는 이공계열의 전공인 데다가 대학원에 진학할 예정이기 때문에 아직 취업에 대한 스트레스를 받는 것 같지는 않다. 그러나 주변 지인들 중에는 코로나 블루로 우울한 데다가 자식들 취업문제까지 겹쳐 표정이 그리 밝지 않은 이들이 꽤 있다.

"군대 갔다가 복학했던 아들이 이번에 졸업을 했는데 취직을 못했어요!" 이렇게 솔직히 고백하는 이는 공개적으로 위로라도 해준다지만 취준생, 즉 취업 준비를 하는 자녀를 둔 부모 앞에서는 '취업'이라는 단어는 물론이고 이를 연상시키는 어떤 이야기도 입에 올리기가 조심스러운 게 사실이다.

특히 68세대(60년대생, 80년대 학번)의 사람들은 후학이나 후배들에게 매우 미안한 마음을 가지고 있을 것이다. 전두환 군사정권 시절에 대학을 다닌 세대로 정치적으로는 암울했지만 경제적으로는 호황기였다. 아닌 말로 대학 졸업장만 가지고 있으면 어지간한 회사에 취업하는 데 별 어려움이 없었던 편이다.

그렇지만 요즘 대학생들은 입학하자마자 미래에 대한 불안감 때문인지 취업을 위한 스펙 쌓기에 열을 올린다. 캠퍼스의 낭만은 영화에서나 나오는 단어가 된 것인지 좁은 문을 통과하기 위한 경쟁 기운만 가득해 보인다.

졸업은 인생의 중요한 통과의례 중의 하나이지만, 동서양의 의미는 다소 차이가 있는 것 같다. 한일 양국은 졸업을 마칠 졸(卒) 자를 써서 '졸업'이라고 한다. 중국은 마칠 필(畢) 자를 써서 '필업'(畢業)이라고 한다. 반면 영어로는 졸업을 'graduate'라고 한다. 어원상 'grad'에는 등급이나 학위(degree) 또는 단계(step)라는 뜻이 있다.

동양권에서는 자신이 몸담았던 어떤 일[業], 그러니까 학업을 마쳤다 혹은 완결지었다 등 하나의 과정을 끝내는 단절적이고 분리적인 뉘앙스가 강하다. 반면 영어권에서는 어떤 등급이나 단계가 올랐다 혹은 학업에 대한 위상[학위]을 획득했다 등 새로운 단계를 염두에 둔 전환기적이고 연속적인 뉘앙스가 더 강해 보인다. 올해는 코로나로 졸업식마저 취소되었지만, 최근 십여 년간은 대학 졸업식에서 누가 졸업 축하 연설을 하는지가 사람들의 큰 관심사였다. 특히 미국의 각 대학에서는 어떤 유명인을 연사로 초청했는지가 화제가 되곤 한다.

연기파 배우 로버트 드 니로가 뉴욕대학교 예술대학에서 졸업식 축사를 했다. 2015년의 일이다. 그의 연설은 당시에 큰 화제가 되었다. 우리는 여태껏 빌 게이츠나 스티브 잡스 등 유명인사들의 다양한 스타일의 많은 졸업식 축사를 접해 왔다. 하지만 로버트 드 니로의 연설만큼 화끈한(?) 반응은 처음이었다.

드 니로의 연설은 이렇게 시작한다. "졸업을 축하하는 이 자리에 저를 초대해 주셔서 참으로 감사합니다. 예술대학 졸업생 여러분, 드디어 해내셨습니다. 그리고 여러분 X 되셨어요!" 마지막 문장은 높임말이 없는 영어의 특성을 고려하면 "니들 이제 X됐어(You're f****d)!"라고 옮기는 게 더 맞을 것 같다.

드 니로의 연설은 세계적인 배우가 욕설을 섞어가면서 한 친근하고 솔직한 연설이라 더 공감을 얻었을 것이다. 점잖은 졸업

2015년 뉴욕대학교 예술대학 졸업식에서
세계적인 배우 로버트 드 니로가 축사를
했다. 당시 그의 졸업식 축사는 큰 화제를
불러일으켰다. 욕설을 섞어가면서 친근하고도
인상적인 연설을 통해 큰 호응을 이끌었다.

식장에서 F자 들어간, 한국식으로 말하자면 십 원짜리 욕설이 들어간 축사가 웬일이란 말인가.

이번 딸 졸업식을 맞아 대학 캠퍼스에서 조촐한 가족사진을 찍는 김에 졸업식에 참석하면서 드 니로의 졸업식 연설을 담은 동영상을 다시 찾아보았다. 유머와 감동이 함께 있는 멋진 연설이 새삼스러웠다. 드 니로의 졸업식 축사를 들어보면 2015년 당시에도 미국 역시 경제가 좋지 않았고, 젊은이들의 취업도 만만치 않다는 것을 체감할 수 있다. 경영학이나 의학 등의 실용학문을 전공한 사람이 취직이 잘되는 게 동서양이 같다는 건 이미 아는 소리일 터이고.

로버트 드 니로의 연설은 뉴욕대학교 예술대학이라는 특정 전공의 졸업생들을 대상으로 한 것이었다. 그는 예술인으로서 불안정하고 험난한 파고를 헤치고 나가야 할 졸업생들에게 "삶의 열정을 잃지 말라!"라고 위트 있게 주문했다. 드 니로의 진솔함이 마음을 따뜻하게 해준다.

로버트 드 니로가 자신과 같은 유명 배우도 자주 영화나 연극 배역에서 '거절' 당한다고 고백할 때에는 많은 사람들이 놀랐다. 더욱 의외인 것은 그럼에도 불구하고 드 니로가 이를 깨끗하게 수용한다는 것이다. 그러고는 '다음'을 기약한다고 하니 참 긍정적인 스타일이다. 사정이 그러하니 로버트 드 니로가 졸업생들에게 하는 충고는 더욱 설득력 있게 다가온다.

> 졸업생 여러분은 학교 밖으로 나가면서, 단체 티셔츠를 맞추게 될 것입니다. 뒷면에는 '거절'이란 단어가 적힌 티셔츠입니다. 하지만 그 티셔츠 앞면에는 '다음'이라는 말이 인쇄돼 있을 것이고요. 원하던 공연이나 콩쿠르에서 실패했다고요? 그렇다면 다음 기회가 있습니다. 혹은 다다음 기회가 있을 수도 있고요. 줄리어드에 합격 못해도 괜찮아요. 예일이나 이곳 티쉬 예술대학도 있잖아요. 뭐 어때요.

솔직히 거절을 당하고 나서도 열정을 잃지 않고 희망을 품는 게 얼마나 힘든 일인지는 겪어 본 사람들은 다 알 것이다. 거절이 두려워 시도조차 못하는 사람은 또 얼마나 많은가. 거절의 상처, 거부의 상처를 가진 사람들은 또다시 거절당하는 경험을 할까 두려워 그런 상황 자체를 만들려 하지 않는다. 아예 그런 상황에서 도피하려고 한다. 현실적으로 불가피한 상황인데도 무리수까지 두어 가면서 말이다.

한때 국립예술단체에서 몇 년간 일한 적이 있다. 그 당시 나는 무대 위와 무대 밖에서 공연자로 혹은 스태프로 자신의 열정을 불태우며 열심히 살아가는 많은 예술인들을 만났다. 물론 그들 중에는 이름만 대면 아는 세계적인 스타 예술인들도 없지 않지만 임금만을 놓고 본다면 다들 박봉이었다. 나름대로 좋은 대학 출신에 유학파들도 많은데 연봉이 센 대기업에 가지 않고 굳이 자신이 하고픈 일을 하고 있었다. 특히 대학로 지하의 객석 30개도 안 될 것 같은 코딱지만 한 소극장에서 10명도 안 되는 관객 앞에서 공연하는 이들을 생각해보라. 당시 그 광경을 지켜보면서 "대체 유료관객은 몇 명이나 될까?" 하는 궁금증이 일었지만 차마 물어보지 못했다.

오로지 공연을 하고파서 실내 공연장 무대 위가 아닌 길거리 공연도 불사하는 더 배고픈 예술가들을 생각하면 더욱 그렇다. 그런데 그건 정상적인 상황일 때 이야기였고, 지금 같은 코로나 팬데믹 시절의 그들 상황은 더욱 심각할 것이다. 로버트 드 니로의 욕설 섞인 졸업식 축사 얘기하려다가 말이 옆길로 샜다. 국공립단체건 사립단체건 아니면 프리랜서 솔로 공연자건 간에 힘겨워도 초심대로 정진하는 이들에게 늘 존경의 마음을 품게 된다. 그들은 로버트 드 니로가 말한 수많은 거절의 문을 통과해 오고 있을 것이며, 앞으로도 또 통과해야 할 것이다.

그들을 위한 제대로 된 예술인 복지가 이뤄진다면 금상첨화일 것이다. 이런 축복만은 '다음(next)'이 아니라 바로 '지금(now)'이었으면 좋겠다. 세상의 모든 예술가들에게 신의 가호와 축복이 벼락같이 쏟아지기를 간절히 기도한다!

사족. 물론 이런 축복은 예술대학을 졸업한 이들뿐만 아니라 전공을 불문하고 모든 졸업생들에게도 똑같이 쏟아지기를 기도한다. 그들이 잠시 "X됐어(You're f****d)!"라는 소리를 들을지라도 그들의 인생이 오래오래 '축복을 받았으면(You're blessed)!' 좋겠다.

우리는 왜 트로트에 열광하는가?
트로트의 심리학

2020년 TV조선이 주최한 '내일은 미스터트롯'이 역대 예능 2위라는 엄청난 시청률(35.7%)을 기록하고 막을 내렸다. 그 직전에 방영된 '미스트롯'보다 더 큰 호응을 끌어내며 트로트 열풍을 부활시키는 견인차 역할을 톡톡히 한 것이다. 일제강점기에 일본 '엔카'의 영향을 받아 시작된 트로트가 이제 남녀노소를 막론하고 대한민국 국민들을 열광하게 만들고 있다. 대체 무슨 까닭일까?

1980년대 중반 대입 재수생으로 노량진의 D학원에서 공부하던 때다. 당시 학원 영어 선생님 말이 지금도 기억이 난다. "내가 어제 어떤 집에 초대를 받았어요. 3,000만 원 짜리 오디오 자랑을 하더라고. 그래서 무슨 노래를 듣는가 물었어. 아 글쎄

뽕짝을 듣는대요. 이미자의 '동백아가씨'라나 뭐라나. 나 참!" 서양 클래식에 심취해 있었던 영어 선생님은 80년대 당시 수천만 원이나 하는 오디오 기기를 갖고 있는 것에 호기심이 생겼는데, 그 비싼 오디오로 클래식이 아닌 뽕짝을 듣는다는 사실에 경악했던 것이다.

헛웃음을 지으며 말을 잇던 그 순간 그의 얼굴 위를 스치고 지나가던 경멸이 담긴 눈동자와 양쪽으로 축 처진 입꼬리가 지금도 생생하다. 이 에피소드는 지금까지 트로트에 대한 대접이 어떠했는지를 잘 보여준다. 서양의 춤곡 폭스 트로트(fox trot)에서 나온 트로트는 '트롯'이라 하기도 하고 '뽕짝'이라 불리기도 한다. 뽕짝은 트로트를 비하해서 부르는 말이다. 단조 5음계와 2박자를 주로 사용하기 때문에 '쿵짝쿵짝' 혹은 '뽕짝뽕짝' 하고 들리는 단순한 음악이라는 것이다.

이렇게 괄시를 받아온 트로트가 다시 뜨는 이유가 뭘까? 여기서 일이 생기기 전에는 짐작도 못했으면서 막상 일이 터지고 나면 '내 그럴 줄 알았다!'라고 큰소리치는 '사후확증편향'(Hindsight Bias)에 빠지지 않도록 조심하려 한다. 사실 아무리 잘 만든 영화라 할지라도 실제 상영에 들어가면 흥행이 잘되어 대박이 날지 아니면 쪽박을 찰지는 아무도 모른다. 호사가들이 나중에 결과를 보고 이러니저러니 말을 늘어놓는 일이 허다한 것이다. 공연물이든 상영물이든 간에 흥행은 운칠기삼(運七氣三)

이다. 운이 70%, 노력이 30%라는 말이 이래서 나오는 것이다. 이러한 한계를 인정한 상태에서 미스터트롯의 성공원인을 한번 차분히 짚어 보겠다는 말이다.

가장 먼저, 미스트롯에 이어 미스터트롯도 서바이벌 오디션 프로그램이라는 형식을 취했다는 것이다. 장르는 다르지만 '슈퍼스타K' 같은 숱한 프로그램이 성공을 거둔 이유와 다르지 않다. 이런 종류의 프로그램은 인간 특유의 인정받고 싶은 본능을 강력하게 자극하고 서열을 추구하는 본능에 불을 지르기 때문에 끊임없이 리바이벌된다. 특히 미스터트롯은 기존의 오디션 프로그램인 '전국노래자랑'의 품격을 확 끌어올린 고급 버전이라고 할 수 있다.

물론 전국노래자랑에 서바이벌 오디션 프로그램이라는 말을 갖다 붙이기는 어색하지만 말이다. 수준급의 가창력을 가진 실력자도 더러 있지만 대개는 아마추어들의 경연장이기 때문이다. 마이크 잡으면 '노래 좀 한다'는 사람들이 나와서 경연을 하지만 '딩동댕~'과 '땡!' 하는 실로폰 소리가 즉석에서 당락을 가르면서 흥겨운 분위기를 연출하는 동네잔치가 주요 포맷이다. 고장의 특산물을 소개하는 코너가 빠지지 않는 것도 이 때문이다.

하지만 미스터트롯은 다르다. 본격 서바이벌 오디션 프로그램이다. 출연자들은 모두 프로급이다. 마지막 톱7에 든 이들만 살펴보자. 이미 대중가요로 활약하고 있는 기성 가수(장민호, 영탁)도 있고 실용음악을 전공한 사람(임영웅)도 있다. 성악을 전공하고 외국에 유학을 갔다 온 음악가(김호중)의 경우 자신의 인생을 소재로 영화가 만들어지기도 했다. 어릴 때부터 각종 노래자랑 대회에서 우승한 경험이 있어 '트로트 신동' 소리를 들었거나(이찬원, 김희재) 듣고 있는 이(정동원)도 있다. 이 과정에서 출연자들은 최고의 전문가들에게 개인 레슨까지 받는 영광을 누린다. 기본적인 발성에서부터 의상과 무대 매너까지 코치를 받는다. 경연 과정에서 팀워크를 이루기 위한 개인기 개발은 물론이고 심지어 자신들이 살아온 인생을 스토리텔링하기 위한 기획 작업도 방송국에서 알아서 해주는 혜택을 받는다.

아무리 운칠기삼이라 해도 결과적으로 프로그램 기획자의 능력을 인정할 수밖에 없는 부분이다. 프로급 출연자들이 경쟁과 협동을 하면서 몇 달 동안 숙식을 함께하며 공연을 하는 만큼 그 결과물, 그러니까 실제 프로그램의 내용은 확실히 다채롭고 풍부해질 수밖에 없다. 트로트는 태생 시점이 일제강점기였다. 망국의 설움과 비애가 넘쳐나는 시절에 그것을 달래는, 어쩌면 몇 안 되는 통로 역할을 했을 것이다. 이후 전쟁과 분단이 이어지고 근대화·산업화 과정에서 절대적 빈곤을 벗어나기 위해 전 국민이 몸부림치는 과정에서도 카타르시스 역할을 충분히 했을 것이다. 가요무대의 관객들은 해방 전의 '황성옛터', '타향살이',

'나그네 설움' 같은 노래나 해방 이후에 나온 '가거라 삼팔선', '단장의 미아리고개', '꿈에 본 내 고향' 등의 노래를 눈물 없이는 들을 수 없다. 그것은 바로 내 부모님과 일가친척이, 아니 내가 직접 겪었던 체험담이기 때문이다.

그렇지만 지금은 다르다. 우리 세대는 나라 잃은 슬픔에 어쩔 줄 모르는 망국민이 아니다. 고향을 떠나왔지만 돌아가지 못하고 타향을 전전하는 실향민도 아니다. 춘궁기에 쌀 한 톨이 아쉬워 배를 곯던 보릿고개 시절의 절대빈곤자도 아니다. 사랑하다 헤어지면 '이루어질 수 없는 사랑'에 울고 '다 내 탓이오' 하며 하릴없이 자책만 하는 세대도 아니다. 배고프고 힘들었던 시절을 되돌아보며 추억하는 것이 KBS 가요무대라면 미스터트롯은 완전히 다르다.

미스터트롯 관객들은 젊다. 가수도 최고령자(?)가 마흔네 살이다. 우리나라가 절대빈곤기를 지나 어느 정도 산업화되고 난 이후에 태어나고 자란 사람들이다. TV조선 측에서는 출연자들뿐만 아니라 관객들도 제한했다. 노년층을 과감하게 빼고 청장년층만으로 객석을 채웠다. 자신들이 좋아하는 가수를 열렬히 응원하는 모습은 마치 젊은 아이돌 팬덤을 연상시키기에 충분했다. 트로트가 노년층의 전유물이라는 고루한 이미지를 쇄신하기 위한 목적을 충분히 달성한 것이다.

미스터트롯의 가수나 관객들에게는 지나간 시절의 경험에 매몰되어 빠져나오기 힘든 기억은 별로 없다. 윗세대가 겪은 슬픔과 비애에서 비교적 자유롭다. 얼마든지 거리를 두고 객관적으로 그 시절을 돌아볼 수 있다. 그들에게 미스터트롯 무대는 그냥 한바탕 즐겁게 지나가는 흥겨운 초호화 쇼프로그램일 뿐이다. 20대는 물론이고 30~60대들도 흥겹게 즐기는 프로인 것이다. 심지어는 70~80대인 고향 부모님까지 포함해 무려 700만이 넘는 사람들이 자신들이 좋아하는 가수에게 문자 메시지를 통한 국민투표에 참여했다.

그러므로 초등학교 6학년짜리 참가자가 '보릿고개'를 부르거나 '사랑은 눈물의 씨앗'이라는 노래를 불러도 관객들은 '코흘리개가 그 시절을 알면 얼마나 알고, 사랑을 알면 뭘 안다고 저런 노래를 부르는 거지.' 하는 식의 냉소적인 반응은 보이지 않는다. 오히려 더 환호하고 더 열광한다. 가요무대는 애당초 염두에 없었고 전국노래자랑과는 차원이 다른 고급화를 시도함으로써 공연 자체는 물론이고 B급으로 치부되던 트로트에 대한 기존 이미지를 격상시키는 계기를 만들었다.

이런 면에서 미스터트롯이 공헌한 바는 적지 않다. 미스터트롯의 흥행 성공은 그렇다 치고 우리가 왜 트로트에 열광하는 거냐고 묻는 사람이 많다. 어떤 이들은 트로트가 한민족 특유의 한을 풀 수 있는 도구이기 때문이 아니겠냐고 한다. 별로 설득력이 없다. 일제강점기 때 나라를 잃은 한국 민족이 트로트를 통해 한을 풀고 승화시켰다면, 나라를 강탈한 일본은 무슨 한이 있어 같은 계통의 엔카가 유행하고 그게 지금까지 내려온단 말인가. 트로트의 끈질긴 생명력, 그것은 트로트가 우리 인간의 원초적인 본능에 가장 부합하는 리듬 중의 하나이기 때문이라 생각한다. 찰스 다윈은 "멜로디와 리듬은 아마 모든 동물이 인식할 수 있는 개념으로 공통의 신경계 기반이 있다."라고 말한 적이 있다.

동물도 사람처럼 자연스럽게 리듬에 맞춰 박수를 치고 온몸을 흔들며 춤을 출 수 있을까? 미국 터프츠 대학의 파넬 교수가 메트로놈 소리에 맞춰서 리듬을 탈 수 있도록 원숭이를 1년 가까이 훈련을 시켰다고 한다. 그런데 어린애들까지 자유롭게 리듬을 타는 사람들과는 달리 원숭이는 나이가 들어서도 메트로놈 소리가 조금만 달라지면 리듬을 타지 못했다고 한다. 반면 사람들은 메트로놈 소리가 달라져도 금방 리듬을 따라잡았고 오히려 다음 박자를 예측하여 리듬을 타기도 한다는 것이다.

트로트를 사랑하는 사람들은 뽕짝이라 부르면 싫어한다지만, 트로트의 원초성을 보여준다는 측면에서 뽕짝이라는 말이 훨씬 정겹고 솔직한 표현이라고 생각한다. 국악의 꽹과리 소리가 아무리 커도 젖먹이 아기는 아랑곳 않고 잠을 잘 잔다고 한다. 원초적 리듬을 기반으로 하는 것은 타악기를 위주로 하는 아프리카 민속음악에서도 마찬가지다. 트로트의 가사는 대체로 타인과 사회와의 관계에 있어서 체념적이거나 패배주의적이었다. 결과적으로 자학적이고 자기연민적인 모습을 보여 왔다. 하지만 이런 경향도 세월이 바뀌고 세대가 바뀌면서 어느 정도 거리를 두고 객관화시킬 수 있게 되었다. 하지만 인간의 원초적 리듬 본능을 자극하는 트로트의 기본적인 리듬은 변하지 않았다.

재미있는 것은 동일한 트로트 곡을 불러도 어느 시대 누가 부르느냐에 따라 그 노래의 빛깔이 천양지차라는 것이다. 일례로 1960년대 말 당대 최고의 인기가수 배호가 부른 '누가 울어'라는 노래가 있다. 같은 노래를 1970년대 말에 나훈아가 리바이벌 한다. 그로부터 30여 년이 지나 이번 미스터트롯에서는 정동원이 불렀다. 비교하여 한번 들어 보라. 같은 노래가 어떻게 이렇게 달라질 수 있는가를 잘 보여준다. 이런 것이 바로 트로트의 끈질긴 생명력을 상징적으로 보여주는 것이라고 본다.

미스터트롯이 어떻게 성공했고 우리가 왜 트로트에 열광하는지 간단히 정리해 보자. 첫째, 서바이벌 오디션이라는 서열본능을 자극하는 형식. 둘째, 듣기 위해 오랜 지적 학습과 훈련을 필요로 하는 서양 클래식과 대척점에 서 있지만 반대로 원초적 감성과 원초적 리듬에 호소하는 트로트의 잡초 같은 생명력. 셋째는 아이돌, K팝에 물린 혹은 갈 곳 모르던 사람들의 허전함을 파고들면서 이를 문화상품으로 잘 포장해 내놓은 TV조선의 기획력이다. 이 모두를 합하여 기삼(氣三)이다.

나머지는 운칠(運七)이라 할 수 있다. 즉 아무도 모르지만 결과적으로 그 분위기를 타고 갈 수밖에 없는 '운빨'로 요약할 수 있겠다. 사족인 것 같지만, 운칠기삼의 원뜻은 아무리 몸부림쳐도 운명의 7할을 어찌할 수 없으므로 일찌감치 포기하라는 뜻이 아니다. 기삼, 즉 할 수 있는 3할에 해당하는 인간적인 최선을 다하고 나머지는 신의 뜻에 맡기라는 뜻이다. 끝까지 최선을 다한 미스터트롯 진 임영웅, 선 영탁, 미 이찬원을 비롯한 주인공들에게 박수를 보낸다. 태생부터 슬픈 운명을 지녔던 트로트의 앞길에도 밝은 미래가 활짝 열리기를 기대한다. 데즈먼드 모리스는 그의 저서 『행복의 본질』에서 이렇게 말한다.

> 모든 지적 통제를 중단하고 리듬에 몸을 맡기고 모든 것을 잠시 잊으면 쾌락의 파도가 물밀듯이 밀려온다.

코로나19로 잔뜩 긴장해 있을 여러분! 오늘은 트로트의 리듬에 맡기고 '2박자의 행복'에 흠뻑 취해보는 것은 어떨까요?

아들아, 우리 쓸모 있는 수컷이 되자!

영화 〈미나리〉와 영웅의 심리학

한국계 미국인 정이삭 감독의 영화 〈미나리〉가 전 세계적인 주목을 받았다. 그런데 좀 냉정하게 말하자면 영화 〈미나리〉의 운명은 그냥 매우 잘 만든 독립영화 중의 하나로 주목받는 정도에서 그쳤을지도 모른다. 하지만 이 영화는 선댄스 영화제 미국 극영화 경쟁부문 심사위원 대상과 관객상을 받았다. 또한 2020년 골든 글로브상 시상식에서 외국어 영화상을, 2021년 미국 아카데미에서는 윤여정이 여우조연상을 수상했다.

외국에서의 호평이 한국에서의 흥행으로 이어지는 방식이 이번에도 통했다. 그렇다고 〈미나리〉의 작품성이 떨어진다는 소리는 절대로 아니다. 여기서 하고 싶은 얘기는 이 영화가 왜 미국 영화 비평가들의 찬사를 받았는가다. 한국의 많은 영화 비평가들도 〈미나리〉를 말하면서 아메리칸 드림을 이야기한다. 이민자들의 나라 미국에서 아시아계가 그동안 보여준 놀라운 성취, 그중에서도 특히 한국계의 성취에 대한 관심이 영화를 통해 투영되고 있다는 것이다.

여기에 더해 영화 배경으로 나오는 황량한 아칸소의 벌판이 마치 아메리카 원주민들을 제치고 북미 지역을 점령해온 유럽계 미국인들의 초기 서부 개척사를 연상시키는 측면이 있다는 설명도 일리가 있다고 본다. 그런데 그게 전부일까? 그런 배경을 가진 이민 영화가 그동안 없었던 것도 아닌데 말이다.

영화 〈미나리〉가 미국에서 찬사를 받는 이유를 꼽자면, 남자 주인공 제이콥(스티븐 연 분)이 보여주는 영웅적 면모가 영웅을 숭배하는 미국적 멘탈리티와 딱 맞아떨어지기 때문이라 생각한다. 제이콥은 생활고를 해결하기 위한 생존 차원에서 미국 땅을 밟았다. 캘리포니아에서 병아리 감별사로 죽도록 일했지만 보람도 없었고 성과도 미미했다. 제이콥은 결심한다. 드넓은 땅을 경작해 초대형 농장을 세워서 성공의 발판으로 삼겠다고 말이다. 제이콥은 빚을 내어 아칸소의 오지에 50에이커나 되는 큰 땅을 구한다. 한국계 이민자들을 위해 한국 채소를 키워서 대형 마트를 통해 유통해 보겠다는 것이다. 문제는 그의 야망이 아내 모니카(한예리 분)의 동의를 받지 못했다는 것이다.

제이콥 가족은 마침내 캘리포니아 도심지를 떠나 시골 아칸소에 있는 농장에 도착한다. 허허벌판에는 트레일러로 만든 바퀴가 달린 집 한 채가 덩그러니 서 있다. 아내 모니카는 황당하기 그지없다. 격오지라고 짐작은 했지만 이 정도일 줄은 몰랐던 것이다. 모니카가 묻는다. "여기가 어디야?" 제이콥이 답한다. "집이지!" 캘리포니아 소영웅 제이콥이 여태껏 그의 가족들과 함께 살던 '보통 세상'이라면 제이콥 가족이 관문을 거쳐 통과해 온(crossing the threshold) 아칸소는 예기치 못한 위험이 도사리고 있는 '특별한 세상'이다. 제이콥은 이 모든 것을 감수해야 하는 모험의 대장정에 나섰다. 무엇보다 아내 모니카의 심리적 지원이 절실하다.

제이콥은 농장의 땅을 파서 나온 흙을 모니카에게 보여준다. "이것 좀 봐! 흙 색깔 좀 보라고. 여기가 미국에서 가장 기름진 땅이야!" 그러고는 아들 데이빗(앨런 킴 분)과 딸 앤(노엘 케이트 조 분)에게도 큰소리친다. "아빠는 여기에 엄청나게 큰 정원(big garden)을 하나 만들 거야!"

하지만 제이콥의 야심찬 계획은 갑자기 불어닥친 토네이도에 의해 초장부터 부정당한다. TV에서 흘러나오는 토네이도 경보에 당황하는 제이콥의 모습과 더불어 토네이도가 트레일러 집 정도는 가볍게 날려 버릴 것이라는 제이콥의 말은 가족들을 불안에 떨게 만든다. 다행히 토네이도는 비껴가지만 그것은 앞으로 제이콥과 가족에게 닥칠 시련의 시작이었다.

제이콥의 빈한한 가계부는 언제 수확할지 모르는 농장 일에만 매달릴 겨를이 없게 만든다. 제이콥과 모니카는 아칸소에서도 병아리를 감별하는 공장에 취업을 한다. 베테랑 감별사인 제이콥이 잠시 휴식을 취하러 밖으로 나왔을 때 아들 데이빗이 묻는다. "아빠 저 연기는 뭐에요?" 공장 굴뚝에서 나는 시커먼 연기를 보고 하는 말이다. "응, 그건 수놈을 폐기 처분하는 거야. 수놈은 맛이 없거든. 또 알도 못 낳고. 아무 쓸모가 없어. 데이빗! 그러니까 우리는 꼭 쓸모가 있어야 돼. 알겠지?"

'쓸모 있는 수컷이 되자!'는 제이콥의 이 말이 바로 이 영화의 주제를 노골적으로 드러내는 핵심 중의 하나다. 아내 모니카와 싸우면서 "나는 장남으로서 가족을 돌본 것뿐이야!"라고 핏대를 높이는 것도 같은 맥락이다. 아이들의 아비이자 한 여성의 지아비로서 자기 가족은 제 손으로 지키고 부양해야 한다는 제이콥의 사고방식은 동물 무리의 알파 메일, 즉 수컷 우두머리의 그것과 똑같다. 영화 런닝타임 115분 동안에 이상하게 남자 주인공 제이콥과 그의 아들 데이빗의 이름만 들리고 아내 모니카나 딸 앤의 이름이 거의 들리지 않는 것도 그런 까닭일 것이다.

아들 데이빗이 병원에 입원했을 때 제이콥과 모니카는 부부싸움을 한다. "우리가 미국 와서 서로 구해주지는 못하고 너무 많이 싸워서 애가 아픈 건가?" 제이콥의 말에 모니카가 대답한

한국계 미국인 정이삭 감독의 영화 〈미나리〉는 배우 윤여정이 한국인 최초로 미국 아카데미 여우조연상을 수상하는 등 숱한 화제를 뿌리며 전 세계적으로 주목을 끌었다. 이 영화가 미국 내에서 특별히 관심을 끌었던 요인으로 일각의 평론가들은 모티브 자체가 아메리카 원주민들을 제치고 북미 지역을 점령해온 유럽계 미국인들의 초기 서부 개척사와 맞닿아 있다는 점을 지적한다. 영화 포스터와 영화 속 장면이 인상적이다.

다. "같이 (도시로) 떠나면 안 돼? 난 혼자선 못하겠어!" 이에 제이콥은 단호하다. "떠나고 싶은 건 당신이야!" 그러면서 목에 핏대를 세운다. "애들이 한 번쯤은 아빠가 뭔가를 해내는 걸 봐야 할 거 아냐?" 모니카도 지지 않는다. "뭘 위해서? 우리가 함께 있는 게 중요한 거 아냐?" 그럼에도 제이콥은 고집을 꺾지 않는다. "다 잃는 한이 있어도 여기서 시작한 일 끝내야겠어!"

제이콥과 모니카의 대화에서 알 수 있듯이 남자와 여자의 생각 차이는 극명하다. 대개의 여성 인생에서 가장 중요한 것은 가족이다. 반면 남자들의 대부분은 사회적인 지위 혹은 성공을 가장 중요하게 생각한다. 신경생물학자인 루안 브리젠딘은 말한다. "사회적 위계질서는 인간을 포함한 많은 동물의 행동방향을 결정한다. 상대를 제치고 유리한 지위를 차지하고자 하는 일련의 정신적 과정이 남자 뇌에 각인돼 있다."

여주인공 순자(윤여정 분)도 가부장적 사고에 젖어 있는 전형적인 한국의 할머니이자 어머니이다. 순자는 딸의 요청에 따라 어린 손주들을 돌보기 위해서 미국에 왔다. 그녀는 선천성 심장병으로 고생하는 병약한 손자 데이빗에게 더욱 마음이 쓰인다. 그녀는 발을 다치고도 울지 않는 데이빗을 "스트롱 보이(strong boy)!"라고 추켜세우며 손자의 기를 살린다.

순자는 자신이 작은 시냇가에 가서 심어 놓은 미나리를 보러 데이빗과 함께 찾아간다. 그녀는 손자에게 말한다. "미나리가 얼마나 좋은 건데. 미나리는 이렇게 잡초처럼 뭐 아무 데서나 잘 자라니까 누구든지 다 뽑아 먹을 수 있어. 부자든 가난한 사람이든 다 뽑아 먹고 건강해질 수 있어. 미나리는 김치에도 넣어 먹고 찌개에도 넣어 먹고 고기에도 넣어 먹고. 미나리는 아플 때 약도 되고 미나리는 원더풀, 원더풀이란다!"

영화에서 미나리는 순자의 가족에 대한 간절한 소망을 상징한다. 순자는 미국으로 이민 온 그녀의 딸 모니카의 가정이 잘 되기만을 바란다. 척박한 환경 속에서도 잘 자라는 강한 자생력을 가진 미나리처럼 하루빨리 미국 땅에 뿌리를 내리기를 바란다. 그러므로 미나리는 사위 제이콥의 성공과 손자 데이빗의 건강회복 상징이기도 하다.

영화에서 순자가 '미나리꽝'처럼 변한 시냇가에 가서 미나리를 뽑을 때 손녀 앤은 보이지 않고 손자 데이빗만 보이는 것도 정이삭 감독의 의도적인 연출이다. 영화 말미에 농장에 불이 나서 납품하기 위해 창고에 보관 중이던 채소를 포함해 농장 전체가 불에 타서 잿더미로 변했을 때 제이콥이 미나리꽝에 데리고 간 이도 아들 데이빗이다.

신화학자 조셉 캠벨의 이론에 의하면 대개의 영웅신화는 다음과 같은 구조를 갖는다. '보통세상'에서 영웅이 어떤 '소명'을 받고 '관문을 통과'하여 '특별한 세상'으로 들어간다. 그곳에서 영웅은 자신을 돕는 '조력자'를 만나거나 혹은 방해하는 '적대세력'과 마주친다. 영웅은 최대의 공포와 맞서게 되고 죽음에 비견되는 엄청난 '시련'을 겪는다. 영웅은 상징적으로 다시 태어난다. 공포와 죽음을 극복한 데 따른 '보상'도 만끽한다. 그리고 이렇게 '다시 돌아온' 영웅으로 인해서 주변의 가족, 공동체 그리고 세계가 영웅의 득을 본다는 것이다.

하지만 영화 미나리는 열린 결말로 끝이 난다. 이 영화는 보통의 영웅신화처럼 완결된 구조를 가지고 있지 않다. 영웅이 죽음에 비견되는 엄청난 시련(농장의 화재)을 겪는 것까지만 제시된다. 영웅이 시련을 극복하고 귀환하면서 달콤한 보상을 받는 모습은 넌지시 간접적으로만 보여준다. 농장의 창고가 불에 타버린 그날 밤, 제이콥 가족은 각자 자신의 방으로 뿔뿔이 흩어져 들어가지 않는다. 대신 온 가족이 거실에 함께 모여 잠을 청한다. 오로지 사회적 성공에만 눈이 멀었던 것처럼 보이던 제이콥이 '가족과 함께 하는 성공'을 꿈꾸게 되었음을 우회적으로 보여주는 것이다. 정이삭 감독은 이와 함께 제이콥 부부의 사진과 가족 사진을 차례로 클로즈업시킨다.

제이콥이 미나리깡에서 데이빗과 함께 미나리를 뽑는 장면도 마찬가지다. "(미나리가) 알아서 잘 자라네. 데이빗! 할머니가 좋은 자리를 찾으셨어. 맛있겠다!" 이 장면은 개심한 우리의 주인공이 미나리처럼 뿌리를 잘 내리고 번성할 것이라는 암시이다.

이것은 제이콥이라는 새로운 영웅의 탄생을 알리는 서막이기도 하다.

사족 하나. 앞에서 말했듯이 정이삭 감독의 영화 미나리의 주인공 이름은 제이콥이다. 성경에서 제이콥(야곱)은 이삭의 아들이다. 정이삭 감독은 영화를 자기 자식처럼 생각하는 모양이다. 주인공에게 야곱이란 이름을 붙여준 걸 보니 말이다.

사족 둘. 이런 맥락에서 보면 제이콥의 아들 데이빗의 이름도 달리 보인다. 그렇다. 거인 골리앗을 이긴 소년 다윗이 바로 데이빗과 동명이인이다. 영화에서 데이빗은 선천적인 심장병을 이기고 건강을 서서히 회복하는 것으로 묘사된다.

사족 셋. 영화의 배경이 되는 아칸소는 미국에서 유일하게 다이아몬드 광산이 있던 곳이라고 한다. 주인공 제이콥은 서부개척시대 카우보이들이 금광을 찾아 서부로 몰려갔던 것처럼, 아칸소에서 다이아몬드를 캐려고 했다. 제이콥의 다이아몬드는 한국 채소였다.

사랑이 변하는 데 이유가 있나?

최태원·노소영의 사랑과 이별의 진화심리학

1조 대 소송으로 회자되고 있는 최태원 SK그룹 회장과 노소영 아트센터 나비 관장의 법정 다툼이 계속되고 있다. 한동안 이혼소송을 낸 최 회장의 요구를 묵살하며 이혼을 거부했던 노 관장이 재산분할 요구로 맞소송을 내면서 새롭게 국면이 전개된 지 몇 년의 시간이 지났다. 당시 노 관장은 자신의 심경을 페이스북에 공개하여 이목을 집중시키기도 했다. 노 관장의 글을 중심으로 최-노 커플의 사랑과 이별에 대하여 심리학적으로 풀어보기로 한다. 먼저 그녀의 글부터 한번 살펴보자. 도합 380자로 된 그리 길지 않은 글이므로 전문을 인용한다.

저의 지난 세월은 가정을 만들고 이루고 또 지키려고 애쓴 시간이었습니다. 힘들고 치욕적인 시간을 보낼 때에도, 일말의 희망을 갖고 기다렸습니다. 그러나 이제는 그 희망이 보이지 않게 되었습니다. 그 사이 큰딸도 결혼하여 잘 살고 있고 막내도 대학을 졸업했습니다. 그래서 이제는 남편이 저토록 간절히 원하는 '행복'을 찾아가게 하는 것이 맞지 않나 생각합니다. 지난 삼십 년은 제가 믿는 가정을 위해 아낌없이 보낸 시간이었습니다. 목숨을 바쳐서라도 가정은 지켜야 하는 것이라 믿었습니다. 그러나 이제 그 '가정'을 좀 더 큰 공동체로 확대하고 싶습니다. 저의 남은 여생은 사회를 위해 이바지할 수 있는 길을 찾아 헌신하겠습니다. 끝까지 가정을 지키지는 못했으나 저의 아이들과 우리 사회에 도움이 되는 사람으로 남고 싶습니다. -노소영.

그녀의 글을 요약하자면 이렇다. '나는 가정을 지키기 위해서 지난 30년 동안 치욕을 견디며 각고의 노력을 했다. 그러나 이제는 그런 실낱같은 희망도 사라졌다. 1남 2녀의 아이들도 장성했다. 막내까지 대학을 졸업했다. 비록 가정은 지키지 못했지만, 여생을 더 큰 가정인 사회를 위해 헌신하겠다.' 엽서 한 장 정도의 짧은 글 속에 '가정'이라는 단어가 5번이나 등장한다. 그만큼 그녀에게 가정은 목숨을 바쳐서라도 지켜야 할 그 무엇이었다. 그녀는 남편 최 회장이 포함된 '행복'한 가정을 희망했지만 결국 그 꿈은 물거품이 되었고, 이제는 '남편이 저토록 간절히 원하는 행복'을 위해 이별을 결심하게 되었다는 것이다.

자, 이제 시계바늘을 최·노 커플이 처음 만났던 1980년대로 돌려보자. 연애 시절의 최태원은 대기업 총수 최종현 회장의 아들이었고 노소영은 당시 현직 노태우 대통령의 딸이었다. 전형적인 정경유착의 정략적인 만남이라는 여론이 일었고, 영국의 찰스 황태자와 다이애나비 정도까지는 아니더라고 언론에는 세기의 커플이란 말이 등장하기도 했다.

고려대 물리학과를 졸업한 최태원과 서울대 섬유공학과 재학 중에 미국으로 건너간 노소영. 두 사람이 처음 만나 사랑을 하게 된 것은 시카고 대학에서 유학을 하던 시절이었다고 한다. 그들의 만남이 과연 정략적인 의도가 개입된 것이었는지는 알 수 없다. 집안 배경도 좋고 학력도 좋은 두 선남선녀가 만나 연애를 하고 결혼에까지 이르게 된 그들의 낭만적인 사랑을 굳이 그렇게까지 비하할 필요는 없어 보인다. 이에 대한 평가는 독자의 판단에 맡긴다.

뇌과학 연구에 의하면 남녀가 만나 사랑에 빠지는 데는 0.1초도 걸리지 않는다고 한다. 우리 뇌에는 외부에서 들어오는 정보를 처리하는 두 가지 경로가 있다. 이 정보를 순간적인 반응과 감정을 주관하는 편도체에서 즉각 처리하는가(빠른 경로) 아니면 의식과 논리에 관여하는 뇌 부위를 거친 뒤에 처리하는가(느린 경로)에 따라 나뉘진다. 상대방을 보고 '첫눈에 반했다.'고

할 때 이런 감정을 갖게 만드는 경로는 빠른 경로이다. 논리적 판단을 거치지 않고 직관적으로 처리되었다는 소리다.

첫눈에 사랑에 빠졌다고 주장하는 커플들에게 그 이유를 물어보면 제대로 말을 못하고 얼버무리는 경우가 많은 것도 이 때문이다. 당시 젊은 최태원 학생이 서울대에서 퀸카로 불렸다는 키 170cm 미모의 여인을 보고 반한 상황을 짐작하기는 어렵지 않다. 노 관장의 최 회장에 대한 첫인상도 비슷했을 것이다. 이렇게 시작된 두 사람의 낭만적인 사랑은 마침내 1988년 약혼, 1989년 결혼으로 이어진다. 그들은 행복해 보였고 슬하에 최윤정(1989년생), 최민정(1991년생), 최인근(1995년생) 이렇게 1남 2녀를 두었다.

인간의 감정은 부조리하다. 계통도 없고 변덕스럽다. 사랑도 마찬가지다. 사랑의 시작에 논리가 없듯 이별에도 이유는 없다. 영원할 것만 같았던 사랑이 식는 것도 한순간이다. 합리적 근거? 그런 거 없다. '바람 난 여인에게는 애 울음소리도 들리지 않는다.'는 속담처럼 얼빠진 사람처럼 마음이 완전히 떠나는 데 이유는 없다. 바람은 그냥 '나는' 것이다. 반면 다른 사람에게 한눈을 팔면서도 배우자를 향한 애착이 변하지 않는 경우도 있다. 이런 '이중적인 플레이'를 우리는 '간통'이라고 부른다. 여러 해 전에 미국 시카고 국립여론연구센터에서 간통에 대한 통계를 낸 적이 있다. 18세에서 59세 사이의 미국인 3,000여 명이 대상이었다. 조사 결과 남자의 25%, 여자의 15%가 결혼 중에 다른 사람과 연애를 했다고 고백했다. 그중에는 사생아, 그러니까 숨겨 놓은 애인의 아이까지 낳은 경우도 많았다고 한다.

최태원 회장의 경우도 비슷했다. 그는 클로이라는 미국 이름을 가진 여인을 2008년부터 만났다. 그녀와의 사이에 2010년생 혼외자도 있다고 한다. 노소영 관장도 진작부터 이런 사실을 알고 남몰래 냉가슴을 앓았다고 한다. 그런 최 회장이 자신의 불륜을 고백하고 이혼을 요구한 게 2015년 겨울의 일이다. 재벌 회장이 불륜 사실을 공개적으로 고백하는 것도 이례적이었지만, 시점도 미묘했다. 2015년 초에 헌법재판소에서 간통제가 위헌이라는 결정을 내렸기 때문에 최 회장의 고백에 의심의 눈초리를 보내는 사람이 많았다.

최 회장의 공개적인 불륜 고백에도 불구하고 노 관장은 별다른 반응을 보이지 않았다. 이혼 요구도 거부하며 가정을 지키겠다는 의지를 보였다. 적어도 페이스북에 윗글을 올리기 전까지는 말이다. 최 회장의 이혼 요구와 노 관장의 가정 수호 의지, 이 차이는 어디에서 오는 것일까. 그걸 알기 위해선 '남녀의 번식전략'(진화심리학 용어)을 참조할 필요가 있다.

동서고금을 막론하고 남자들은 장기적인 배우자를 고를 때

젊고 예쁜 여자를 고른다. 일시적인 파트너를 고를 때도 기준은 바뀌지 않는다. 인류의 조상이 사바나 초원에 살 때부터 남자들의 번식전략은 한마디로 다다익선(多多益善)이다. 그들은 가능하면 많은 수의 자손을 남기고 싶어 한다. 그러려면 가임성, 즉 임신 가능성이 높고 유전적으로 건강한 유전자를 가진 예쁜 산모 후보자에게 눈길이 가게 된다. 단적으로 말하면 남자들은 바비인형 몸매를 가진 젊은 처자에게 끌리게끔 프로그래밍되어 있다고 해도 과언이 아니다. 남자들의 속내는 일부다처제를 지지한다고 해야 옳을 것이다. 최 회장의 경우도 예외는 아니다. 그는 자신보다 15세 연하의 미모의 여인 클로이와 만나 혼외자까지 갖지 않았는가.

그렇다면 여성들의 소위 '번식전략'은 어떨까. 이론적으로 치자면 무한대로 자신의 유전자를 퍼뜨릴 수 있는 남자에 비해 여성들은 한정된 수의 자손밖에 남길 수 없다. 여성들은 남성들과 달리 가임기간이 제한되어 있을 뿐만 아니라, 자신이 낳은 아이가 자라 독립할 때까지 제대로 양육하는 것을 최우선 목표로 하게끔 프로그래밍되어 있는 것 같다.

그러므로 여성들이 일시적인 파트너를 고를 때에는 잘생기고 건장한 남자를 선호하지만, 장기적인 배우자를 고를 때에는 그 기준이 달라진다. 자신은 물론이고 아이의 양육을 보증할 '자원'이 최우선 기준이 된다. 자연스레 외모는 뒷전으로 밀린다.

여성들이 경제력이 뛰어난 남자를 찾는 것은 거의 본능에 가깝다. 가난한 고학생 이수일과의 사랑보다는 돈 많은 사장 김중배의 다이아몬드를 선호하게끔 뇌에 각인되어 있다는 소리다. 돈 많은 재벌 회장과 젊고 예쁜 여인의 조합이 낯설지 않은 것은 다 이런 남녀의 번식전략이 묘하게 맞아떨어지기 때문이다.

(여기서 잠시 짚고 넘어갈 일이 있다. '번식전략'과 같은 진화심리학의 용어를 낯설어하고 불편해하는 사람들도 있다는 것을 안다. 하지만 진화심리학의 기반은 상상력이 아니라 광범위한 조사연구에 기반한 것이므로 특정한 시각에서 비판하는 것은 몰라도, 마구잡이로 재단하는 일은 삼갔으면 좋겠다.)

노소영 관장의 경우도 여기에서 크게 벗어나지 않는다. 그녀는 비록 권력과 경제력을 두루 갖춘 집안의 장녀로 태어났지만, 자신은 물론 아이들의 제대로 된 양육을 보장하는 환경을 소원했다. 또한 그런 지아비를 갖춘 정상적인 '가정'을 열망해 왔고, 그것이 행복이라고 믿어 왔음을 이번 글에서 확인할 수 있다. 하지만 노 관장이 견뎌낸 힘들고 치욕적인 시간에도 불구하고 그녀의 이러한 희망은 수포가 되었다. 사랑이 시작되는 이유를 모르듯 사랑이 변하는 이유를 우리는 알 수 없다. 최 회장은 자신의 무의식 깊숙한 곳에서 작동하는 남성의 생식전략 때문에 클로이를 만났는지 그 자신도 모를 것이다. 어쨌거나 자신이 고백한 것처럼 그가 처음 이루었던 가정을 그가 먼저 깬 것은 틀림없다.

에밀리 디킨슨은 '이별은 지옥이 필요로 하는 모든 것'이라는 시구를 남긴 적이 있다. 욕정에 무너져 낭만적 사랑을 깨버린 사람의 마음과는 달리 이별을 통보받은 사람의 마음은 지옥을 방불케 한다. 그들은 슬픔과 분노에 휩싸인다. 심리학자들에 의하면 이렇게 사랑하는 이로부터 버림받은 사람들의 반응을 두 단계로 나눈다. '항의' 단계와 '포기' 단계가 그것이다.

항의 단계에서 버림받은 사람들은 떠나버린 사람의 마음을 돌려놓기 위해 무진 애를 쓴다. 지켜야 할 것을 지켜내지 못했다는 자책감에 괴로워하기도 한다. 노소영 관장은 이를 '희망'과 '치욕'이란 단어로 표현한다. 그러나 한번 떠나버린 사랑은 돌아오지 않는 법이다. 상황을 바꿔보려고 노력할수록 자신만 비참해지고 상대방은 질척거린다고 오히려 조롱할 것이다.

항의 단계를 넘게 되면 포기 단계가 온다. 대개 시간이 지나면서 한번 떠난 사람은 돌아오지 않는다는 것을 인정할 수밖에 없는 시기가 온다. 세월이 약이 되는 경우다. "이제는 남편이 저토록 간절히 원하는 '행복'을 찾아가게 하는 것이 맞지 않나 생각합니다."

노 관장의 말처럼 이쯤 되면 모진 세월을 견뎌낸 고단한 마음을 추스르고 새로운 대안을 찾아 나서야 한다. 상실감과 우울감에 젖어 있던 마음을 뒤로 하고 새로운 사랑을 찾아 나서야 한다. 다행스럽게도 노 관장은 그 길을 찾아낸 것 같다. 그녀는 솔직히 고백한다. 애들이 다들 성장하고 독립해서 잘살고 있다는 것을. 여성의 번식전략의 주요 목적인 아이들의 양육이 어느 정도 이뤄지면서 크게 마음의 평정을 얻은 것 같다.

눈길을 끄는 것은 그녀의 새로운 사랑의 대안이 다른 제3의 인물이 아니라는 데 있다. 그녀의 표현대로라면 '더 큰 공동체'이다. 그녀는 여생을 우리 사회를 위해 헌신하겠다고 다짐한다. 새로운 인생의 장도에 나선 그녀의 앞날에 신의 축복이 있기를 기원한다. 아울러 최 회장도 '저토록 간절히 원하는 행복'을 찾기를 바란다. 물론 그러한 행복은 진정한 참회가 전제되어야 한다. 심리학자로서가 아니라 대한민국 남자가 보태는 인간적인 충고다.

사랑에 빠진 게 죄는 아니라고?

JTBC 드라마 '부부의 세계'와 불륜의 심리학

　원앙새는 금슬이 좋기로 유명하다. 이런 연유로 우리 조상들은 부부가 같이 덮고 자는 이불과 베개에 원앙을 새겨 넣기도 하고 나무로 깎아 만든 원앙새 조각품을 침실에 두기도 했다. 오늘날에도 결혼식장 내부 장식에 원앙이 들어가는 경우가 많고, 청첩장에 원앙새가 등장하기도 한다.

　그렇다면 암수가 늘 다정하게 붙어 다니는 일부일처제의 상징인 원앙새가 정말로 성실한 배우자로 칭찬 받을 자격이 있을까? 짓궂은 현대 과학자들은 우리 조상들의 이런 믿음이 타당한지 무척이나 궁금했던 모양이다. 원앙새의 새끼들을 대상으로 DNA 조사를 해본 것이다. 감정 결과, 다정하기로 소문난 원앙새 새끼들 중에 무려 4분의 1이 원앙새 암컷의 외도로 태어났다는 놀라운 사실이 밝혀졌다. 그렇다면 사람들은 어떨까. 여러 연구를 종합해보면 문화권마다 차이는 있지만 대략 3~10% 가량의 아이들이 생물학적 아버지가 아닌 다른 남자의 손에 의해 자라고 있는 것으로 추정된다.

    대학 친구 중 하나가 여러 해 전에 들려준 이야기다. 결혼하여 잘살고 있는 멀쩡한 친구가 은밀한 소개팅을 했다고 한다. 상대 역시 유부녀였으니 아무리 좋게 포장해도 불륜 남녀의 외도 행각이었다. 그래서 어떻게 되었냐고 묻기도 전에 그가 말했다. "그냥 그만 만나기로 했어. 글쎄 그 여자 남편이 서울 모 지검의 부장검사더라고. 국회의원 출마를 준비한대!" 잘못 걸렸다간 경을 칠까 더럭 겁이 나서 헤어졌다는 것이다. 그는 플레이보이 성향이 다분하여 평소에도 성적인 윤리관이 그다지 바른 편은 아니었다. 그렇다고 그가 자신의 사랑하는 아내와 자식을 내팽개치고 다른 여자들과 사랑에 빠지는 것은 아니다. 그는 사회적 일부일처제와 생리적 성욕 사이에서 널뛰기를 하고 있는 보통의, 그렇지만 순수하지는 않은 인간 수컷이다.

    JTBC 금토드라마 '부부의 세계'(2020)에 나오는 주인공 이태오(박해준 분)도 마찬가지다. 이태오는 영화감독이다. 그는 가정의학과 전문의인 아내 지선우(김희애 분)와 아들 준영이와 함께 무척이나 단란하게 잘사는, 남들이 부러워하는 모범가족이었다. 그에게 2년 이상 사귄 불륜녀 여다경(한소희 분)이 있고, 여다경이 임신까지 한 사실을 아내 지선우에게 들키기 전까지는 말이다. 지선우는 경악했다. 믿고 믿었던 성실한 남편이자 좋은 아빠였던 이태오의 배신에 치를 떨었다. 선우의 매몰찬 공격이 시작됐다. 그러나 태오는 순순히 인정하지 않는다. "사랑에 빠진 게 죄는 아니잖아!" 태오는 선우가 모른 척 넘어가 줬다면 한순간의 미풍에 불과했을 것을 왜 태풍으로 만들어버렸냐고 적반하장 볼멘소리를 하고 있는 것이다. 이런 태오의 말을 뒷받침하듯 태오의 동창이자 태오 회사의 회계를 담당하고 있는 회계사 손제혁(김영민 분)이 말한다. "세상에는 두 종류의 남자가 있지. 바람을 피는 남자와 그것을 들키는 남자. 남자는 본능을 이기지 못하지." 물론 지선우가 반박한다. "본능은 남자한테만 있는 건 아니야!" 태오의 말처럼 과연 사랑에 빠진 게 죄가 되는지 아닌지는 차근차근 따져 보기로 하자.

그보다 먼저 원앙새나 대학 친구 혹은 이태오 같은 이들이 왜 바람을 피우는 것인지 한번 알아보자. 많은 연구 결과는 동물이든 사람이든 바람을 피우는 것은 유전적인 이유가 크게 작용한다고 말하고 있다. 그들의 주장은 손제혁의 말과 비슷하다. 모든 남자는 바람을 피우려는 본능이 있다. 외도의 유전자가 따로 있다는 것이다. 예를 들어 야생들쥐의 한 종류인 프레리 들쥐와 목초지 들쥐는 성격이 판이하다. 성격만큼 성적인 행태도 다르다.

프레리 들쥐는 착실한 남편이자 자상한 아빠다. 프레리 들쥐는 일부일처제에 충실하다. 같은 우리 안에 다른 암컷이 있어도 한눈을 팔지도 않고 다른 수컷이 자신의 암컷에 접근하는 것도 철저히 차단한다. 반면 목초지 들쥐는 전형적인 플레이 보이의 습성을 갖고 태어난다. 이들은 자신의 암컷은 아랑곳하지 않고 늘 혼자 돌아다닌다. 불특정 다수의 암컷들과 교미도 예사로 한다. 새끼들을 돌보는 일에도 관심이 전혀 없다. 한 마디로 나쁜 남자, 아니 나쁜 수컷이다. 연구 결과 이런 차이를 만드는 관건은 들쥐의 뇌 속에 있다고 한다.

들쥐가 교미를 할 때 뇌 속에 바소프레신이라는 물질이 대량으로 분비되는데, 프레리 들쥐는 이 물질을 받아들이는 양이 무척 많고 목초지 들쥐는 매우 적다는 얘기다. 바소프레신은 쉽게 말하면 일부일처제 호르몬이다. 바소프레신은 배우자에게 헌신하고 자식을 보호하고 양육하는 데 충실하게 만드는 호르몬이다. 그런데 재미있는 것은 바람기 많은 목초지 들쥐의 바소프레신 수용체 양을 늘리는 처치를 하고 나면, 정조 관념과는 거리가 멀어서 천방지축 날뛰며 성적으로 문란한 난혼(亂婚)의 성향을 보이던 들쥐가 갑자기 정절을 지키며 배우자에게 충실하고 새끼에게 자상한 단혼(單婚) 스타일의 수컷으로 돌변한다는 것이다.

들쥐만 그런 게 아니다. 사람도 비슷하다. 상대적으로 일부일처제 호르몬인 바소프레신이나 공감과 애착의 호르몬인 옥시토신의 분비가 상대적으로 낮거나 수용량이 떨어지는 경우에는 배우자나 자식에 대한 헌신이 현저하게 떨어진다고 한다. 반면 분비가 더 높거나 수용량이 더 많은 사람의 경우는 장기적으로 관계를 유지하는 확률이 훨씬 더 높다고 한다.

손제혁의 말처럼 남자들에게는 이런 외도의 본능이 있다. 지선우의 말처럼 여성들도 외도의 본능이 없는 건 아니지만, 비율로 따지면 남성의 외도 본능이 여성의 외도 본능을 압도한다. 요컨대 동물이나 사람 할 것 없이 외도의 본능, 외도의 유전자가 따로 있다는 말이다. 하지만 그렇다고 해서 불륜을 저지른 주제에 "사랑에 빠진 게 죄는 아니잖아?"라고 되레 아내에게 목에 핏대를 세우며 덤비는 이태오의 행동이 정당화될 수 있을까.

앞에서 말했던 것처럼 사람은 그들의 본능에 따라 아무런 생각 없이 행동하는 것처럼 보이는 원앙새나 들쥐와는 다르다. 비록 사람들 역시 사회적 일부일처제와 생리적 성욕 사이에서 속절없이 안절부절 못하는 존재이기는 해도, 그렇다고 본능에 완전히 사로잡혀 언제 죽음을 당할지 몰라 두려움에 벌벌 떠는 전쟁포로 같은 신세는 아니다. 본능에 100% 지배당하는 동물과 달리 사람은 자신의 자유의지에 따라 그것을 조절할 수 있는 능력이 분명히 있다. 마음속에 남의 물건을 가지고 싶다는 잘못된 소유욕이 생겼다고 해서 모든 사람이 도둑질을 하지는 않는다. 좀 극단적인 사례이지만 유전적으로 소아성욕이 강한 상태로 태어났다고 해서 그런 본능을 실제 행동으로 옮긴다면 그자는 윤리적으로나 법적으로나 용서받을 수 없음은 두말할 나위가 없다. 하지만 머릿속에서 이성적으로 알고 있는 내용을 모두 다 실천할 수 있다면 얼마나 좋을까. 사회신경과학자인 래리 영 교수는 외도에 대해서 이렇게 말한다.

> 규칙을 어기면 가혹한 벌을 받았다. 불륜을 저지르면 재산과 가족, 자유를 잃을 수 있었다. 이런 억압 속에서도 많은 사람이 불륜에 빠졌다. 아무리 끔찍한 결말이 기다리고 있더라도 아랑곳하지 않고 외도하게 하는 뇌의 힘을 이길 수 없었다.

그래서 '외도는 옳지 않다.'는 사실을 너무나도 잘 알고 있지만 인간적인 의지로 이를 이겨내지 못하고 '뇌의 힘', 그러니까 본능에만 휘둘려 끊임없이 외도 커플이 생겨나는 것이다. 드라마 속의 이태오·지선우 커플 스토리가 사람들에게 먹히는 이유도 바로 여기에 있다. 현실에서도 우리는 얼마나 많은 이태오를 만나고 손제혁을 만나는가. 나약한 인간들의 이런 본성을 꿰뚫고 있기에 종교적인 교리에서는 불륜을 신의 이름으로 강력하게 경고하고 불륜을 범한 이들을 반드시 응징할 것임을 선포하고 있다.

신약성경 마태복음 5장에는 이런 말이 있다. "나는 너희에게 말한다. 여자를 음란한 눈으로 바라보는 사람은 누구든지 이미 마음으로 간음한 것이다. 네 오른쪽 눈이 너를 죄짓게 하거든 그 눈을 뽑아 내버려라. 온몸이 지옥에 던져지는 것보다 몸의 한 부분을 잃는 것이 더 낫다."

나약한 인간은 본능을 이기지 못하고 불륜을 저지르는 일이 다반사인데, 신은 여기서 한발 더 나아가 '여자를 음란한 눈으로 바라보는' 행위조차 간음죄로 규정한다. '이미 마음으로 간음한 것'이라는 거다. 눈이 죄를 지었으면 눈을 뽑아버리라는 극언도 불사한다. 죽어서 지옥 갈래? 아니면 눈이 뽑히는 걸로 만족할래? 지옥 가는 것보다는 이렇게라도 참회하는 것이 나을 것이라는 저주에 가까운 이 같은 신의 준엄한 경고는 섬뜩하기까지 하다.

드라마 '부부의 세계'에서 지선우에게 찾아온 어떤 환자는 남편의 불륜을 확인하고는 이렇게 말한다. "그깟 여자랑 한 번 놀아난 거 용서하고 말고 할 게 뭐 있겠어요. 남자한테 섹스는 배설 같은 거잖아요." 그렇게 그 환자는 남편을 용서하고 일상으로 돌아간다. 그러나 지선우는 그렇게 넘어가지 못한다. 소변을 보고 싶다고 아무 데나 보면 노상방뇨로 처벌받는다. 그건 사람이 할 짓이 아니라 개나 하는 짓이라고 보는 것이다. 사랑에 빠지는 것은 죄가 아니다. 그런데 태오가 착각하고 있는 것이 있다. 아무하고나 사랑에 빠지는 게 죄가 될 수도 있다는 것이다.

로버트 드 니로와 안성기의 공통점은 뭘까요?

동안(童顔) 선호의 심리학과 주름살의 미학

 토미 리 존스, 로버트 드 니로, 신구, 안성기. 아마도 이들 배우를 모르는 이는 많지 않을 것 같다. 특히 내가 좋아하는 배우들이기도 하다. 이들의 공통점은 뭘까? 꽃미남 스타일은 아니지만 지금도 할리우드와 충무로를 주름잡는 명연기자들이라는 것이다.

 공통점이 또 있다. 할리우드와 충무로를 '주름' 잡을 뿐만 아니라 자신의 얼굴에도 '주름'이 많이 잡혀 있다는 것이다. 가장 어린(?) 안성기(1952년생)가 60대, 토미 리 존스(1946년생)와 로버트 드 니로(1943년생)가 70대, 신구(1936년생) 선생은 80대다. 이들 모두 당연히 주름살이 생길 나이다. 하지만 이들은 '보톡스' 시술이나 주름살 제거수술을 받지 않았다.

 나는 시대착오적으로 성형수술을 반대하는 사람이 절대 아니다. 굳이 따지자면 성형수술 찬성파다. 경제적 여건이 되면 얼마든지 성형을 해도 좋다고 생각하는 편이다. 단, 이 말은 성형수술이 자신의 자존감을 높여준다는 전제하에서만 유효하다. 수술의 부작용은 차치하더라도 트렌드를 너무 충실하게 반영한 성형수술을 받은 나머지 '흔하고 값싼 그리고 감정 없는 인형 같은' 얼굴이 되어서는 곤란하지 않은가?

진화심리학 연구에 의하면, 사람들은 천성적으로 아름다움에 대한 기준이 머릿속에 프로그래밍되어 있다. 얼굴을 포함한 신체 좌우가 대칭적으로 균형이 잡힌 것을 선호한다. 또한 젊음을 선호한다. 주름살은 늙음 혹은 질병을 연상시키기 때문에 사람들의 아름다움에 대한 전반적인 기대에 부응하지 못하는 것이다. 이런 까닭에 동서양을 막론하고 사람들은 동안(童顔), 그러니까 주름살이 없는 매끈하고 탄력적인 피부를 가진 젊은 얼굴을 선호한다. 젊게 보이고 싶은 것은 타고난 본능이라는 소리다. 성형외과가 늘 문전성시인 이유이기도 하다. 금전적, 시간적 여유가 없는 이들은 사진을 '뽀샵질'이라도 해서 그런 본능을 만족시키려 든다.

누구라고 꼬집어 이야기하지는 않겠지만, 우리나라 유명 배우 중에 성형중독으로 얼굴이 망가진 이들이 좀 있다. 배우라고 해서, 아니 배우이기 때문에 젊고 아름다워 보이고 싶은 마음이 일반인보다 더하다는 것은 인정한다. 하지만 연기를 그것도 표정연기를 업으로 하는 배우들이 보톡스 시술이나 주름살 제거 수술을 받는 것은 문제가 있어 보인다. 미국 에모리 대학교 심리학과 교수인 프란스 드 발의 말을 한번 들어보자.

> 우리 얼굴은 우리가 생각하는 것보다 움직임이 훨씬 더 많은데, 이것은 남들의 움직임을 모방함으로써 그들과 연결되는 데 도움을 준다. 이 때문에 얼굴에 보톡스 시술을 받은 사람은 문제가 생긴다. 근육 이완 때문에 다른 사람의 얼굴 표정을 모방하는 데 어려움을 겪어 남들처럼 느끼는 능력이 떨어진다.

보톡스 시술을 받은 사람은 보기에는 좋을지 몰라도 공감 능력이 떨어진다. 이 문제는 단지 이들이 남들과 연결되는 과정에서만 나타나는 게 아니라 남들이 이들과 연결되는 과정에서도 나타난다. 보톡스 시술을 받은 얼굴은 얼어붙은 것처럼 보여 일상적인 상호작용에 쓰이는 미세 표정의 흐름이 사라진다. "이들의 얼굴 표정에 반응이 없기 때문에 다른 사람들은 단절감을 느끼고 심지어 거부당한 느낌을 받는다." (프란스 드 발, 『동물의 감정에 관한 생각』, 세종서적, 2019) 그렇다. 사람들은 날 때부터 다른 사람들의 눈동자, 시선, 얼굴 표정의 미묘한 변화를 놀랍도록 높은 수준에서 감지할 수 있다. 사람의 인간관계는 바로 여기서

부터 시작된다. 당연하게도 갓 태어난 아기도 엄마와 눈을 맞추고 엄마의 미묘한 표정 변화를 읽기 위해 엄청난 노력을 한다. 사회적 관계는 얼굴 표정에서부터 시작해서 표정으로 끝난다고 해도 과언이 아니다.

　말보다는 표정이 더 중요하다는 것을 우리는 직감적으로 안다. 상대방에게 "괜찮냐?"라고 물었을 때 그가 "괜찮다!"라고 말하더라도 그의 표정이 그렇지 않다면 우리는 그가 괜찮지 않다고 판단하지 않는가! 말과 표정이 일치하지 않을 때 우리는 본능적으로 표정을 통해 진실을 판단하곤 한다. 사람들은 또한 '스토리텔링 애니멀'이다. 사람들은 영화나 소설 속의 주인공들에게 자연스레 감정이입을 하게 프로그래밍되어 있다. 영화나 소설을 보거나 읽은 뒤 환희를 느끼거나 감동의 눈물을 흘리는 것이 그렇지 않은 경우보다 훨씬 더 쉽고 자연스럽다고 한다.

　다시 본론으로 돌아가 보자. 이렇듯 얼굴 표정은 사회적 관계의 알파요 오메가이다. 또한 사람들은 영화나 소설 등 픽션을 실제 일어난 일처럼 느낄 수 있는 스토리텔링에 목을 매는 동물이다. 그렇다면 표정으로 대변되는 연기를 업으로 하는 스토리텔링 산업에 종사하는 배우들은 어떠해야 하는가. 두말하면 잔소리이다.

　연기자들의 얼굴은 그들의 표정연기를 시작하고 완성시키는 근본이다. 얼굴에 심각한 외상이 생겼거나 사회적으로 용인하기 힘들 정도의 추한 모습인가? 그게 아니라면 그들은 그들의 표정 연기를 심각하게 저해할 게 틀림없는 보톡스 시술이나 안면 성형수술 받는 것을 절대적으로 자제해야 한다고 본다. 그런 시술을 받지 않았는데도 늘 어떠한 상황에서도 한결같이 단 하나의 표정으로 모든 감정을 처리하는 것으로 유명한 우리나라의 명문대 출신 한 여배우나 미국의 B급 액션 배우 같은 경우는 어쩔 수 없다고 치더라도 말이다.

일반인은 성형중독에 걸리면 안타까움과 비난을 함께 받는다. 또 연기자의 무분별한 성형수술은 그들의 직업적 근성과 프로정신을 의심케 하는 몰지각한 행동이라 할 수 있다. 과도한 보톡스 시술이나 안면 성형수술의 부작용 때문에 도무지 표정 연기가 되지 않아서 시청자나 관객의 극 몰입을 심각하게 방해하는 배우들이 안타깝기까지 하다. 그런 측면에서 위에서 언급한 네 사람의 연기자를 참 좋아하고 존경한다. 그들의 미세한 표정 연기를 포함한 뛰어난 연기력은 사람들로 하여금 찬탄을 자아낸다.

안성기, 신구 두 분은 사생활도 참 좋다. 스캔들과는 거리가 먼 연기자로서 인간적인 품격이 있는 분들이다. 이들이라고 얼굴의 주름살을 줄이거나 없애고 싶은 마음이 없었을까? 아닐 것이다. 그럼에도 연기자로서의 프로정신이 보톡스 시술이나 성형수술을 받고 싶은 욕망을 제어했을 것이다. 그리고 그 결과는 우리가 보는 것처럼 로버트 드 니로와 토미 리 존스를 세계적인 명배우로, 신구와 안성기를 한국을 대표하는 명배우로 자리 잡게 한 것 아닐까? 이것이 내가 말하는 이른바 '주름살의 미학'이다.

시인의 부인은 왜 엄동설한 한밤중에 집을 나왔을까?

배려(配慮)의 심리학

청록파 시인 중의 한 사람인 박목월(1916~1978) 선생이 젊었을 적 이야기다. 흰 눈이 펑펑 쏟아지는 어느 겨울 저녁, 단칸방에 사는 시인의 집에서 태어난 지 석 달 된 여아가 무시로 울어 젖힌다. 선생이 도무지 시를 쓸 수가 없었던 모양이다. 선생의 부인(유익순 여사)이 "옆집에 가서 놀다 올게." 하고는 둘째를 업고 바깥으로 나갔다.

한참을 시작(詩作)에 몰두하던 시인이 밤이 늦었는데도 아내가 돌아오지 않자 자고 있던 여섯 살짜리 아들을 깨웠다. "통행금지 시간이 다 되어 가는데 네 어머니가 아직 돌아오지 않았어. 나가서 어머니를 좀 찾아오너라." 동네 이곳저곳을 찾아 헤매던 시인의 아들은 뜻을 이루지 못했다. 그러다가 엄마와 제일 친한 아주머니가 아랫동네에 살고 있다는 생각이 났다. 그 집을 향해 발걸음을 재촉하는데 누군가 뒤에서 자기 이름을 부르는 게 아닌가. "동규야! 너 어디 가니? 아버지 글 다 썼니?" 아들이 고개를 끄덕이자 그제서야 유 여사는 아들과 함께 집으로 돌아왔다. 그녀는 친구 집에 놀러 간 게 아니라 엄동설한에 눈구덩이에서 눈을 맞으며 집 근처 전봇대 옆에서 애를 달래고 있었던 것이다.

이 험한 코로나 시국에 뜬금없이 박목월 시인 이야기는 왜 하느냐고? 요즘 코로나 바이러스가 빨리 잡히지 않고 사태가 길어지면서 고통을 호소하는 사람들이 늘고 있는데, 해방 직후와 상황은 확연히 다르다지만 갑갑한 가정생활의 고충은 비슷한 것 같아서다. 같은 집에 사는 부모자식 간이라 해도 각자 자신들의 스케줄에 따라 자율적으로 이합집산하면서 서로 간의 개인적인 공간(personal space)을 유연하게 조정할 수 있어야 하는데, 그러질 못하니 문제가 생기는 것이다. 대기업에 다니는 여동생 남편은 재택근무를 한다. 그 집의 둘째인 딸 역시 올해 대학 신입생인데 동기끼리 인사는커녕 캠퍼스조차 구경을 못했다. 그녀는 동영상 강의로 하루하루를 보내고 있다. 그녀는 "난 사이버대학교 대학생!"이라며 자조한다. 아니나 다를까 대학생들은 등록금 반환 운동을 벌이겠다고 벼르고 있다.

예전에는 저녁 한 끼만 챙기면 되었던 동생은 하루 세끼 밥을 하고 식단을 짜는 게 보통 일이 아니라고 한다. 지인 한 분은 이렇게 말한다. "하루 이틀도 아니고 하루 세끼 꼬박 하려면 순하던 사람도 변해요. 하루 두 끼가 정답입니다. 푸짐하게 두 끼!" 요즘 말로 '웃픈' 현실이 아닐 수 없다. 맞벌이를 하는 작은처남네는 딸만 둘이다. 올해 중학교 2학년, 초등학교 5학년이다. 여중생은 오후와 저녁에 학원 수업이라도 있어 숨통이 트였지만, 초등학생은 종일 집안에만 갇혀 답답해 죽을 지경이라고 한다. 처남 부부는 온종일 집안에서 갇혀 있는 애들 생각 때문인지 직장에 출근해서도 맘이 편치 않다.

말귀를 알아듣는 초등학교 고학년생 이상을 둔 학부형은 그나마 사정이 나은 편이다. 대학 후배 A는 애 둘을 유아원이나 유치원에도 보내지 못하고 아내가 24시간 돌보느라 몸은 몸대로 지친 데다 우울증까지 겹쳐 고생이 말이 아니라 한다. 박목월 시인의 집은 시인이 집필 중일 때 잠시 피하면 되었지만, 이 집은 종일 '꼼짝마라!'다. 코로나 때문에 일상이 흐트러지면서 다들 몸과 맘이 모두 성치 않은 것이다.

애들이라고 엄마 눈치를 안 보는 것도 아니다. 온라인에는 이런저런 유머가 떠돌아다닌다. 그중에 '코로나 방학생활 규칙'이란 게 있다. 내용은 이렇다. '주는 대로 먹는다. TV 끄라고 하면 당장 끈다. 사용한 물건 즉시 제자리. 한 번 말하면 바로 움직인다. 엄마에게 쓸데없이 말 걸지 않는다. 위 사항을 어기면 피가

'코'로 올 것이다.' 유머의 속성이 그렇다지만 단순히 웃고 넘기기에는 실제를 너무 잘 반영한다. 초등학교 저학년생의 그림일기 형식을 빈 이 유머는 이렇다. 아니 이건 유머가 아니라 실제 일기인 것 같다. 이 어린이는 그림 그리는 칸에는 괴물을 그려 넣고 이렇게 써놓았다. '방학이 길어지자 엄마들이 괴수로 변했다. 그중에서 우리 엄마가 젤 사납다. 그래서 나는 아주 두렵고 무섭다. 그래서 나는 아주 고통스러운 삶을 살고 있다.'

사람들은 기본적으로 사회적 동물이다. 어린이들은 놀이터에서 함께 모여 놀이를 하면서 서로 경쟁하고 협동하는 사회적 기술을 익힌다. 그 과정에서 스트레스도 해소한다. 놀이에서 이긴 어린이는 도파민이 배출된다. 도파민은 순간을 즐기고 쾌락을 담당하는 호르몬이다. 이렇게 기본적으로 넘쳐나는 에너지를 분출해야 할 어린이들이 방구석에 처박혀 있으니 죽을 노릇인 것이다. 게다가 온라인으로 개학한 학생들은 동영상으로 강의를 듣지만, 오프라인 시절보다 상대적으로 더 많아진 과제도 힘들다.

학생들만 힘들까. 고등학교 교사인 아내는 학교를 마치고 돌아오면 기진맥진한다. 동영상 강의를 하려면 오프라인 강의를 하는 것보다 몇 배나 품이 더 들기 때문이다. 아내는 이렇게 말한다. "매일 공개수업, 연구수업을 하는 것 같아. 실시간으로 동영상 강의를 할 때 학부형들이 옆에서 지켜보는 경우도 많아서 긴장을 풀 수가 없어!" 물론 대학교수들도 힘든 건 마찬가지다. 모 대학의 철학과 교수는 그런 강의 준비 스트레스를 피하고자 오래전에 인터넷 강의 사이트에서 했던 내용을 그대로 틀어주는 것으로 대신하려다가 망신을 당하기도 했다.

집안에 갇혀 살다 보니 음식 섭취량이 많고 운동량은 부족해서 생기는 현상을 호소하는 사람도 많다. 사람들은 이런 경우를 일러 '확찐자 증후군'이라고 한다. 코로나 바이러스에 감염되었는지 여부를 확인할 때 쓰던 '확진자'라는 말을 빌려와서 하는 웃자고 하는 워드 플레이(word play)다. 코로나 때문에 살이 '확 찐 자'가 되었다는 우스갯소리인 것이다.

우리는 21세기 최첨단 문명의 시대를 살고 있지만, 우리 몸은 여전히 수만 년 전 원시시대를 살던 우리 조상들의 열량 흡수 방식을 그대로 답습하고 있다. 기근에 시달리던 당시에는 열량이 늘 부족했기 때문에 사람들은 열량이 풍부한 지방을 보면 무조건 저장부터 했다.

그런데 오늘날의 현대인들은 하루 70~80그램 정도만 지방을 섭취하면 충분한데도 100그램 이상의 지방을 섭취한다. 당연히 남은 지방은 피하지방 조직에 그대로 쌓이게 되는 것이다. 어쨌건 과잉섭취와 운동 부족의 악순환이 코로나 시국에 더 심해진

것만은 사실인 것 같다. 재택근무나 공부를 하는 사람들은 일도 공부도 컴퓨터로 해결하고 여가도 웹서핑, TV보기, 휴대폰으로 소셜 미디어 접속하기, 채팅하기 등으로 때우고 만다. 책상이나 소파에 앉아서 장시간을 보내는 가장 문명적인(?) 자세! 하지만 안타깝게도 가장 건강에 좋지 않은 자세로 필요한 칼로리 이상의 간식까지 먹어가며 소일하고 있다.

심리적인 건강의 문제도 무시할 수는 없다. 실제로 프랑스에서 나온 유머인지는 모르겠지만 최근 유행하는 것 중에 이런 유머도 있다. '프랑스에서 자가격리가 길어짐에 따라 정신과 문의가 많아지는데, 자가격리 중에 벽이나 식물에게 말을 건네는 정도는 괜찮다고 합니다. 그런데 말을 걸었을 때 벽이나 식물이 대답을 하면 진료하러 오라고 했다고 합니다.' 유머의 속성상 어느 정도 과장, 왜곡, 축소는 있을 수 있겠지만 역시 그냥 웃고 넘길 수만은 없는 유머이다. 아무리 혼밥, 혼술, 혼영이 유행이라지만 그건 스스로 혼자서만 뭔가를 하겠다고 자유의지로 결정했기 때문에 비교적 스트레스를 덜 받는다.

자신의 의사에 반할 때가 더 문제다. 다른 사람을 만나고 싶은데 만나지 못하는 것만큼 괴로운 것도 없다. 그러니 벽을 보고 말을 하고, 식물에게도 말을 걸고 싶은 것이다. 그런데 이 코로나 시국이 끝나는 것 이외에는 달리 뾰족한 해결책이 없다는 게 더욱 문제다. 자신 한 사람 추스르고 가족들 챙기기도 힘들겠지만, 그래도 서로에게 조금만 더 배려를 하는 세심한 마음과 따뜻한 마음이 절실한 때다.

앞서 말한 박목월 시인 가족 이야기를 들려준 사람은 이야기 속에 등장하는 당시 6세의 아들이었던 박동규(1939~) 전 서울대 교수이다. 그는 말한다. "나는 대학을 졸업하고서 처음 직장에 다닐 때 즈음, 조금 철이 들어서 고생하는 어머니에게 한 번 물었습니다. "엄마, 그때 얼마나 힘들었어. 돈도 많이 벌어오지도 못하고, 그런데 어머니는 뭐가 좋아서 밖에 나가서 일도 하고 힘들게 고생하면서 애를 업고 있었어?"

그 질문에 시인의 아내인 박 교수 어머니 대답이 무척 인상적이다. "그래도 니 아버지는 밤에 그렇게 시를 다 쓰고 나면 발표하기 전에 제일 먼저 나보고 읽어보라고 해!" 박 교수가 말을 잇는다. "어머니가 아버지와 살아가면서 힘든 일을 겪어가면서 시인으로 살아가는 아버지를 이해하는 것은 바로 '시 한 편을 읽어보라'고 하는 아버지의 배려의 힘이었다고 나는 생각합니다. 남편과 아내가 서로를 이해하고 사랑하고 사는 것은 이런 배려를 통해서 서로 사람을 알아가는 것입니다."

박동규 교수가 말하는 이 배려의 힘! 배려란 무엇인가? 사전적인 의미는 여러 가지로 마음을 써서 보살피고 도와준다는 것이다. 한마디로 말하면 상대방의 마음을 읽는 것이다. 그걸 우리 조상들은 역지사지(易地思之)라고 했다. 상대방의 입장에서 상황을 바라본다는 뜻이다. 심리학자들이 무수히 많은 용어와 이론으로 배려를 이야기하고 소통과 공감을 이야기한다. 하지만 내가 생각하기에 배려의 가장 핵심은 상대방의 마음을 읽는 '역지사지'라고 확신한다. 나도 힘들고 고단하지만, 상대방은 지금 어떨까 하고 한 발짝 물러나서 생각해 주는 마음이 소통과 공감을 위한 전제이다.

지인 교사 한 분이 초등 4~6학년 학생들을 대상으로 설문조사를 했다고 한다. '코로나가 끝나고 평범한 일상이 되면 제일 먼저 하고 싶은 일은?' 그러자 다양한 대답이 나왔다. 1위는 가족여행 가고 싶다(24명). 2위는 마스크 안 쓰고 싶다(12명). 3위는 학교 가서 급식 먹고 싶다(5명). 4위는 친구 집에 마음대로 놀러 가고 싶다(4명). 5위는 지금 아무것도 안 하지만 계속 아무것도 안 하고 싶다(3명). 6위는 학교 안 가고 이대로 살고 싶다(2명)였다고 한다. 5위와 6위가 다소 황당하지만 어린이다운 진솔함의 표현이라고 본다.

코로나 시국이 언제 끝날지는 아무도 모른다. 성경의 한 구절처럼 그냥 도둑처럼 끝날지도 모른다. 그렇게 도둑처럼 또 찾아올지도 모른다. 그렇다고 언제까지 이렇게 넋을 잃고 스트레스만 받고 살 것인가. 위의 어린이들처럼 가족여행 가고 마스크가 필요 없는 그날까지 소박한 꿈을 꾸었으면 좋겠다. 해방 직후 고단한 단칸방에서도 배려의 힘을 알고 배려의 지혜를 몸소 실천했던 시인의 아내를 생각하며, 이 시국을 우리 모두 슬기롭게 잘 넘겼으면 좋겠다.

라면은 왜 '파송송 계란탁' 해야 맛있나?
라면의 사회심리학

　오상훈 감독의 영화 〈파송송 계란탁〉(2005)은 날건달 이대규 (임창정 분)의 좌충우돌 이야기를 다룬 코미디 영화다. 26살 한창 청춘을 구가하는 대규에게 어느 날 날벼락이 친다. 서인권이라는 아홉 살 난 어린이(이인성 분)가 자신이 대규의 아들이라고 주장하며 나타난 것이다. 알고 보니 인권은 대규가 철없던 10대 시절 사고를 쳐서 태어난 아들이었다. 무정하게도 대규는 미혼모가 된 여인을 버렸던 나쁜 사내였다.

　'아닌 밤중에 홍두깨'가 따로 없다. 대규는 인권을 경찰서에 미아로 신고하거나 길거리에 버려두고 도망가는 등 별짓을 다한다. 그럼에도 집요한 인권을 당해내지는 못한다. 그러던 중 인권이 뜻밖의 제안을 한다. 국토종단 여행을 함께 하자는 것이다. 그렇게만 해준다면 자신은 대규의 곁을 떠나겠다는 것이다. 대규가 마다할 리가 없다. 그렇게 둘은 여행을 떠난다. 여행 중에 인권은 대규에게 라면을 끓여 먹자고 한다. 편의점에 들른 인권은 라면에 파와 계란을 넣어야 한다고 주장하고, 대규는 돈이 없으니 그냥 라면만 끓여 먹자고 한다. 그것으로 둘은 실랑이를 한다.

그렇게 미운 정 고운 정이 들던 대규와 인권이 어느 날 다정하게 라면을 끓여 먹는다. 파를 송송 썰어 넣고 계란을 탁 깨어 넣어서 말이다. 인권이는 자신이 만든 '파송송 계란탁' 멜로디를 흥얼거리고 대규도 아들이 만든 멜로디를 따라 한다. 사실 인권이는 불치병에 걸렸다. 인권은 생의 마지막을 친부와 함께하고 싶어서 이모의 도움을 받아 무작정 대규를 찾아왔던 것이다. 친부에게 버려지고 생모도 세상을 떠난 후 고아원에서 자란 인권은 대규와 라면을 끓여 먹는 등 알콩달콩 인간적인 정에 굶주려 있었던 모양이다.

작가 김훈의 산문집 중에 『라면을 끓이며』(2015)가 있다. 이 책 앞부분 글이 압권이다. 얼핏 보기에 이 글은 라면 조리법에 대한 생각을 소재로 한 것 같지만 사실은 작가 김훈이 바라본 '해방 후 한국 서민 음식사 고찰'이라고 봐도 무방하다.

나는 오랜 세월 동안 라면, 김밥, 짜장면을 먹어 왔다. 거리에서 싸고 간단히, 혼자서 끼니를 해결할 수 있는 음식이다. 칼국수, 육개장, 짬뽕, 우동도 먹었다. 부대찌개나 닭볶음탕, 쌈밥은 두 사람 이상이라야만 먹을 수 있다. 그 맛들은 내 정서의 밑바닥에 인 박혀 있다. (11쪽)

김훈은 라면과 짜장면을 장복하면 왜 인이 박히는지 이렇게 설명한다.

그 안쓰러운 것들을 한동안 먹지 않으면, 배가 고프지 않아도 공연히 먹고 싶어진다. 인은 혓바닥이 아니라 정서 위에 찍힌 문양과도 같다. 세상은 자장면처럼 어둡고 퀴퀴하거나, 라면처럼 부박(浮薄)하리라는 체념의 편안함이 마음의 깊은 곳을 쓰다듬는다. (17쪽)

3쪽에 걸쳐 소개된 김훈 선생의 라면 조리법을 한의학의 약처방이론이라고 할 '방제학'이라는 이론적 틀을 통해 풀어보려 한다. 라면을 사물탕이나 보중익기탕처럼 '라면탕(拉麵湯)'이라는 하나의 한약 처방이라고 치고 그 처방의 의미와 조리법을 분석하겠다는 의도다. 뜬금없이 무슨 어려운 방제학 타령이냐고? 아니다. 상식적인 선에서 보면 방제학은 생각보다 쉽다. 복잡한 이론과 규칙을 따질 필요는 없다. 그냥 옛날 임금과 신하 간의 상호관계에 빗대면 쉽게 파악할 수 있다. 이른바 군신좌사(君臣佐

오상훈 감독의 영화
〈파송송 계란탁〉(2005)은 26세의 날건달
이대규(임창정 분)에게 어느 날 서인권이라는
아홉 살 난 어린이(이인성 분)가 자신이
대규의 아들이라고 주장하며 나타나는
황당한 에피소드로 스토리가 전개된다.
알고 보니 인권은 대규가 철없던 10대 시절
사고를 쳐서 태어난 아들이었다. 미혼모가
된 여인을 버렸던 나쁜 사내 대규와 그의
아들 인권이 둘만의 국토종단 여행을
떠나며 벌어지는 훈훈한 얘기가 전개된다.

使)의 원리라고 한다. 일단 간단하게 살펴보자.

먼저 군약(君藥)이 있다. 말 그대로 임금의 위상을 가진 약재다. 환자에게 가장 급하고 위중한 증세, 즉 주증(主證)을 치료하는 약이다. 일국의 군주와 같다고 해서 붙여진 이름이다. 질병을 치료할 때 주된 공격 방향이 어떤지를 가늠하는 약이다. 그러므로 군약은 반드시 있어야 한다. 총사령관의 역할을 맡아 직접 군사들을 이끌고 전쟁에 나선 군주라고 보면 된다. 삼국지로 보면 조조나 제갈량에 해당한다.

다음이 신약(臣藥)이다. 신하에 해당하는 약이란 소리다. 신하 중에서 고급관료인 대신으로서 선봉장을 겸하는 경우라고 보면 될 것 같다. 신약은 임금 약을 도와 주증의 치료가 더욱 잘될 수 있도록 돕는 역할을 한다. 신약은 또한 주증보다는 덜 위중한 증세인 겸증(兼證)을 치료하기도 한다. 삼국지의 조자룡이나 관우 혹은 장비가 여기에 해당한다.

그다음으로 좌약(佐藥)이다. 보좌하는 약이란 뜻이다. 일반 장수나 하급 관료 정도로 이해하면 될 것 같다. 좌약은 군약과 신약을 도와 겸증을 치료하는 것을 돕는다. 그리고 군신 약에 독성이 있을 경우에 그것을 억제하는 역할을 맡는 경우도 있다. 앞의 것을 전문용어로 좌조약(佐助藥)이라 하고, 후자를 좌제약(佐制藥)이라고 한다. 군주나 장수를 잘 보좌하면서 지시를 곧이곧대로 따르는 역할을 하는 부하가 좌조약에 해당한다. 직언이나 쓴소리로 견제하면서 주군이나 장수를 보필하는 이는 좌제약에 해당할 것이다. 그러므로 좌제약은 조선시대 사관(史官)의 역할을 한다고 볼 수 있다.

마지막으로 사약(使藥)이다. 사약은 일반병사나 후방 지원부대 혹은 통신부대 관제탑의 역할을 겸한다고 할 수 있다. 사약은 처방에 쓰인 약재들이 정확하게 치료할 지점[病所]으로 도달할 수 있도록 이끌어주는 역할을 한다. 혹은 약재들이 서로 조화를 이루도록 하는 역할을 한다. 원나라 시절의 유명한 한의학자 이동원(李東垣)은 그의 저서 『비위론(脾胃論)』에서 이렇게 말한 적이 있다.

> 군약이 분량이 제일 많다. 신약이 그다음이다. 사약은 또 그다음이다. 신약의 양이 군약의 양보다 많아서는 안 된다. 군신 간에는 위계질서가 있어야 하고 서로 간에 절도가 있어야 질병을 퇴치할 수가 있다.

자, 이제 본격적으로 라면이라는 처방의 원리를 한번 풀어보자. 라면탕에서 군약은 단연코 면이다. 아무리 분말 스프가 중요하다고 해도 꼬들꼬들한 라면 특유의 면발이 없으면 그것은 라면이 아니다. 라면 스프에 소면이나 손칼국수 면을 넣어 끓인다고 해서 그것이 라면이라고 할 수는 없다. 면의 재료는 물론이고 면발의 굵기나 쫄깃함에 따라 같은 회사 라면이라도 맛은 천양지차가 아닌가.

그럼 분말 스프는 어디에 해당할까? 신약이다. 신하는 임금을 돕는 게 도리다. 신약은 군약인 라면 면발을 도와서 라면 특유의 개성 있는 풍미(風味)를 내게 한다. 김훈은 '면과 국물의 조화'를 아래와 같이 이야기한다. 하지만 그것은 사실 군약으로서의 면과 신약으로서의 분말 스프(를 넣어 끓인 국물)의 관계와 상호작용을 말하는 것이다.

> 라면을 끓일 때, 가장 중요한 점은 국물과 면의 조화를 이루는 일이다. 이것은 쉽지 않다. 라면 국물은 반 이상은 남기게 돼 있다. 그러나 그 국물이 면에 스며들어 맛을 결정한다. 국물의 맛은 면에 스며들어야 하고 면의 밀가루 맛은 국물 속으로 배어나오지 않아야 한다. 이것은 고난도 기술이다. (29쪽)

그렇다면 좌약에 해당하는 라면의 식재료는 무엇인가? 좌약은 마땅히 대파나 양파일 것이다. 라면의 분말 스프는 한약의 약성(藥性)과 기미(氣味)로 보면 맵고 뜨겁다. 분말 스프의 이러한 신열(辛烈)한 성미는 마땅히 달콤한 맛(甘味)과 차가운 성질(凉性)을 가진 채소로 가라앉혀 조화를 이루어야 한다. 일단 양파의 맛은 단맛이라 스프의 매운 맛을 중화시켜 준다.

파는 라면 국물에 천연의 단맛과 청량감을 불어넣어주고, 그 맛을 면에 스미게 한다. 파가 우러난 국물은 달고도 쌉쌀하다. 파는 라면의 공업적 질감을 순화시킨다. (30쪽)

그런데 김훈 선생은 대파의 위아래의 기운을 잘못 알고 있는 것 같다.

대파는 검지 손가락만 한 것 10개 정도를 하얀 밑동만을 잘라서 세로로 길게 쪼개놓았다가 라면이 2분쯤 끓었을 때 넣는다. 처음부터 대파를 넣고 끓이면 파가 곯고 풀어져서 먹을 수가 없게 된다. 파를 넣은 다음에는 긴 나무젓가락으로 라면을 한 번 휘젓고 빨리 뚜껑을 덮어서 1분~1분 30초쯤 더 끓인다. (30쪽)

무슨 소린고 하니, 대파는 밑둥과 줄기 부분이 성미가 다르다! 한의학에서는 대파의 밑둥을 총백(蔥白)이라고 하고, 줄기 부분을 총엽(蔥葉)이라고 하여 달리 쓴다. 총백, 즉 밑둥의 하얀 뿌리 부분은 온열(溫熱) 기운이 있으므로 스프의 신열한 기운을 오히려 조장하므로 라면에는 적절하지 않다. 라면에는 마땅히 약간 서늘한 기운을 가진 대파의 위쪽인 초록색 부분, 즉 총엽을 취하여 국물에 넣어야 한열(寒熱)이 조화를 이루게 된다.

이제 사약(使藥)이 남았다. 사약은 약재들이 서로 조화를 이루게 한다. 라면탕을 끓이는 식재료들이 서로 조화를 이루게 하는 데 기여하는 것으로는 역시 달걀이 으뜸이다. 파송송 계란탁이 근거 없이 그냥 나온 말이 아니다.

> 파가 우러난 국물에 달걀이 스며들면 파의 서늘한 청량감이 달걀의 부드러움과 섞여서, 라면은 인간 가까이 다가와 덜 쓸쓸하게 먹을 만하고 견딜 만한 음식이 된다. (30쪽)

라면을 끓여 먹을 때 어찌 이것만 넣어 먹겠는가? 그냥 면에 치즈, 김치, 떡 등을 넣으면 치즈라면, 김치라면, 떡라면이 된다. 대학 시절 학교 후문 앞에서 라면을 즐겨 사먹었는데 구멍가게 할머니가 끓여 주던 라면에 들어가는 것은 파의 파란 부분뿐이었다. 물론 돈을 더 내면 달걀을 하나 깨어서 넣어주었다. 대학생인 아들딸들은 라면회사에서 제공하는 것 이외의 어떤 것도 넣지 않은 라면을 좋아한다.

라면에 밥을 말아 먹는 맛도 쏠쏠하다. 이 경우 밥은 달걀과 마찬가지로 라면의 온갖 재료들이 서로 조화를 이루게 한다는 점에서 사약(使藥)이지만, 편중되지 않은 중용(中庸)의 성미가 라면의 맵고 열성의 편벽된 기운을 잡아준다는 측면에서는 좌약(佐藥)이라 할 수 있다. 나는 배를 더욱 부르게 하는데도 불구하고 '라면은 반드시 밥에 말아 먹어야 한다!'는 강박관념이 있는

데 바로 이런 이유에서다. 달걀과 쌀밥 그리고 떡은 사약이면서 좌제약(佐制藥)이다. 김치라면의 김치는 분말 스프의 매운 맛을 돋우기 때문에 좌약 중에서도 좌조약(佐助藥)이라 하겠다. 한편 라면을 끓일 때는 물 조절이 핵심 관건이다.

> 물은 550ml(3컵) 정도를 끓이라고 포장지에 적혀 있지만, 나는 740ml(4컵) 정도를 끓인다. 물이 넉넉해야 라면이 편안하게 끓는다. 수영장이 넓어야 헤엄치기 편한 것과 같다. 라면이 끓을 때 면발이 서로 엉키지 않아야 하는데, 물이 넉넉하고 화산 터지듯 펄펄 끓어야 면발이 깊어 또 삽시간에 익는다. 익으면서 망가지지 않는다. (29쪽)

40년대생 60년대 학번의 김훈 선생은 60년대생 80년대 학번의 나와 생각이 비슷하다. 그러나 90년대생인 아들딸은 기어코 라면 봉지에 쓰여 있는 레시피를 고집한다. '그게 제일 맛있다.'는 그들의 의견과 '그럼 너무 짠데다가 밥은 어떻게 말아 먹냐?'는 내 의견이 대립되면 각자 따로 끓일 때도 있다. 라면 하나 끓이는 데도 이런데 하물며 다른 때는 어떠하랴. 품 안에 있을 때도 내 자식이 아닌 경우가 많다. 각설하고 라면 끓일 때의 불 조절은 어떠해야 하는지를 알아보자.

라면 포장지에는 끓는 물에 면과 분말 스프를 넣고 나서 4분 30초

정도 더 끓이라고 적혀 있지만, 나는 센 불로 3분 이내에 끓여낸다. 가정에서 쓰는 도시가스로는 어렵고, 야외용 휘발유 버너의 불꽃을 최대한으로 크게 해서 끓이면 면발이 붇지 않고 탱탱한 탄력을 유지한다. 면이 붇으면, 국물이 투박하고 걸쭉해져서 면뿐 아니라 국물까지 망친다. 그러나 실내에서 휘발유 버너를 쓰는 일은 위험해서, 나를 따라 하면 안 된다(어린아이 조심!) (29쪽)

조상들은 한약을 달일 때 불의 종류를 대개 센 불과 약한 불로 나누었다. 불꽃이 강한 불을 무화(武火)라고 하고 약한 불을 문화(文火)라고 한다. 휘발성 성분이 들어 있는 것은 무화로 급히 끓인다. 그렇지 않은 경우에는 은은한 불로 재료가 국물 속에 우러날 수 있도록 오래오래 끓여야 한다. 라면의 경우 오래 달여낼 재료가 아니므로 김훈 선생처럼 무화(武火)로 급히 끓여내는 게 맞을 것이다.

군 복무 중에 을지포커스 훈련을 하면 밤을 새는 경우가 많았는데, 10시쯤 급식 담당 지원부대 주임상사가 끓여 주는 라면 맛이 일품이었다. 십구공탄처럼 생긴 초대형 가스레인지에 초대형 다라 모양의 냄비 아닌 냄비에다가 라면을 십여 개 넣고(각 라면은 냄비 바닥면의 가스레인지 불꽃 하나하나와 매칭이 된다.) 센 불로 급히 끓였으니 천상의 맛일 수밖에 없었을 것이다. 수십 년 경력의 주임상사의 물 조절이 또 얼마나 완벽했겠는가.

> 나는 라면을 먹을 때 내가 가진 그릇 중에서 가장 아름답고 비싼 도자기 그릇에 담아서, 깨끗하고 날씬한 일회용 나무젓가락으로 먹는다. (31쪽)

김훈 선생은 라면을 먹는 그릇은 얘기했는데 끓이는 그릇에 대해서는 언급하지 않았다. 우리 조상들은 한약을 달일 때는 은으로 만든 것을 제일로 치고 그다음에 흙으로 빚은 것이 좋다고 했다. 다만 철로 만든 약탕기는 기피하였다. 건강상 노란 알루미늄 냄비는 라면 끓일 때 주요 기피 대상이지만, 냄비 라면에 대한 추억을 잊지 못하고 알루미늄 냄비를 고집하는 사람도 많다. 개인적으로는 고교 시절 구내식당에서 냄비에 담아 팔던 냄비 라면이 가장 기억에 남는다.

'정서 위에 찍힌 문양'이라는 김훈의 표현처럼 라면은 그냥 단순한 추억의 음식만은 아니다. 라면은 우리의 역사적 체험, 문화적 추억과 함께 우리 내면에 깊이 자리 잡고 있다. 라면은 가난한 1960~1970년대 개발도상에 있던 우리나라 서민들의 끼니를 해결해 주던 훌륭한 먹거리였고 그 이후에는 훌륭한 간식으로 대접받아 왔다.

글로벌 시대를 맞아 지구촌의 다양한 음식이 우리 식탁을 점령했다. 라면의 위세가 옛날 같지는 않다. 하지만 쫄깃쫄깃한 면발과 MSG 가득한 라면 국물맛은 OECD 몇 번째 가는 선진국으로 부상한 지금도 여전히 우리나라에서 가장 잘 팔리는 음식 중의 하나다.

〈소명: 모겐족의 월드컵〉(2010)이라는 다큐멘터리 영화가 있다. 왕년에 국가대표 묘기 축구선수였던 강명관 선교사가 태국의 한 외딴섬에서 가난한 현지인들에게 축구를 가르치는 것을 소재로 한 영화다. 축구화는 말할 것도 없이 변변한 유니폼 한 벌도 없는 그곳 어린이들에게 꿈과 희망을 심어주는 강 선교사의 활동이 감동적으로 그려진다. 그런데 이 다큐멘터리에 라면과 관련한 재미있는 장면이 나온다.

강 선교사가 식사 시간에 현지 어린이들에게 해안에서 잡은 물고기를 가지고 맛있는 해물찌개를 해준다. 또 그의 아내가 가지고 온 한국 라면을 같이 끓인다. 라면을 몇 번 맛본 적이 있는 태국 어린이들은 단 한 사람의 예외 없이 생선찌개가 아니라 라면을 향해 달려가는 것이 아닌가. 이 또한 MSG의 힘이었는지, 또 다른 무엇 때문이었는지는 모르겠지만 지금도 그 장면만 생각하면 저절로 빙그레 미소가 지어진다.

사족. 김훈 선생의 책 『라면을 끓이며』의 맺는 말도 자못 비장(?)하다.

나는 이 모든 것을 스승 없이 혼자서, 수많은 실험과 실패를 거듭하며 배웠다. 레시피를 알고 따라 한 것이 아니다. 앞으로 열어가야 할, 전인미답의 경지가 보이기는 하지만 라면 조리법 개발은 이제 그만하려 한다…. 그런 생각을 하면서 한눈을 팔다가 라면이 끓어 넘친 적이 한두 번이 아니다. 라면의 길은 아직도 멀다. (31쪽)

3장

마음속에 박힌 못을 뽑아
그 자리에 꽃을 피우며

낚시는 과연 손맛일까?

낚시의 심리학

멘토 중 한 분이신 K목사님. 이번에 미국을 방문했을 때, 그는 내게 바다낚시를 함께 가자고 권하셨다. "아니 목사님께서 사람을 낚아야지, 왜 진짜 물고기를 낚으려 하십니까?" 초대에 감사하다는 대답을 이렇게 우스갯소리로 대신했다.

모터 보트를 가진 선장을 위시해서 나까지 도합 6명이 한 팀이다. 목적지는 네아 베이(Neah Bay). 워싱턴 주 서쪽 끝 인디언 보호구역 앞바다였다. 바로 건너편에 캐나다 밴쿠버가 지척이다. 조금만 서쪽으로 나아가면 바로 북태평양이 눈앞에 펼쳐지는 아름다운 바다다.

2021년 8월의 한여름. 워싱턴 주의 날씨는 서울에 비하면 무척 시원하다. 바다에서는 풍랑이 거세어 파커를 입어야 한다. 나는 초대받은 초짜 낚시꾼이라 이번에는 내 한 몸만 챙기면 된다. 일행들은 분주했다. 아침 7시 약속 장소에 집결하여 각자 가져온 준비물을 보트를 끌고 갈 픽업트럭에 착착 옮겨 실었다.

시애틀 시내에서 네아 베이까지는 4시간 정도가 소요된다. 보트를 견인하는 픽업트럭이 속도를 낼 수가 없기 때문이다. 정오에 중간 기착지이자 숙소가 있는 한 부두에 도착했다. 예전에는 픽업트럭이 네아 베이로 통하는 인디언 마을까지 육로로 직행했다. 하지만 코로나 시대인 만큼 중간 부두에서 배를 몰고 1시간가량 타고 가야 한다. 식사를 마치고 출발하려니 바다에 안개가 너무 짙다. 해무(海霧)가 걷히기를 기다렸지만 쉽사리 물러갈 기미가 보이지 않는다. 출항했다 돌아오는 배들이 먼 바다로 일단 나가면 안개가 그리 많지 않다고 정보를 준 모양이다. 보트가 출항을 시작했다.

성인 남자의 키높이를 훌쩍 넘는 파도를 헤치는 난항이었다. 항해사 역을 맡은 분조차 배멀미를 했다. 백신을 맞은 데다가 시차 적응도 제대로 못한 탓에 몸살 기운까지 있던 나는 '괜히 먼길을 따라 나섰나?' 은근히 후회가 되었다. 어린 시절 고향 개울에서 대나무 낚싯대로 붕어를 잡아 본 기억밖에 없다. 바다낚시에 대한 호기심에 따라왔을 뿐이다.

그런데 네아 베이에 도착해 낚시를 시작하자 이런 걱정은 말끔히 사라졌다. 낚싯대를 내리자마자 선장님의 낚싯대에 건장한 어른의 팔길이만 한 물고기가 잡혔다. 사람들은 환호성을 질렀다. 쾌조의 스타트. 프로 낚시꾼인 일행들은 정신없이 고기를 낚아 올렸다. 구경만 하던 내게도 새로운 기운이 솟아났다. 일행들이 내게도 낚싯대를 주었다.

생초짜라 한 마리도 못 잡을 줄 알았다. 하지만 30분 정도 지나자 내 낚싯대에 진동이 느껴졌다. 그냥 옆에 있던 아들이 시키는 대로 낚싯대를 살짝살짝 옆으로 당기면서 동시에 릴을 사정없이 감았다. 물고기가 워낙 힘이 세서 낚싯대를 잡고 있기도 힘든데 릴까지 감으려니 여간 힘든 게 아니다. 마침내 60센티는 넘을 것 같은 큰 민어가 잡혀 올라왔다. 월척(越尺)이 훌쩍 넘는 큰 물고기였다. 높은 파도에 밀리면서, 밀려오는 거대한 미역 무리를 피해 가면서, 갑판으로 들이치는 파도를 맞아가면서 여섯 시간이 순식간에 지나갔다.

비로소 왜 사람들이 바다낚시를 하는지를 알게 되었다. 예전에 사두었다가 슬쩍 한번 훑어 보고 말았던 심리학자 폴 퀴네트의 책 『다윈은 어떻게 프로이트에게 낚시를 가르쳤는가?』라는 낚시의 심리학을 다룬 책을 다시 꺼내서 읽어보면서 무릎을 쳤다. 낚시꾼들에게 왜 낚시를 하느냐고 물으면 십중팔구는 '손맛'을 이야기한다. 살아 있는 물고기가 목숨을 걸고 치는 몸부림은, 역시 살아 있는 유기체인 인간에게 가슴 뛰는 도전정신을 불러일으킨다.

낚시꾼들에게 왜 낚시를 하느냐고 물으면 십중팔구는 '손맛'을 이야기한다. 살아 있는 물고기가 목숨을 걸고 치는 몸부림은, 역시 살아 있는 유기체인 인간에게 가슴 뛰는 도전정신을 불러일으킨다. 2021년 여름 워싱턴 주 서쪽 끝 인디언 보호구역 앞바다인 네아 베이(Neah Bay)에서 난생 처음 바닷낚시를 하게 된 필자의 모습이 보인다.

그 반항의 몸짓은 엄청난 진동으로 인간에게 반사된다. 낚시꾼의 세포 하나하나를 흥분시키고 심장 박동을 촉진시킨다. 먼 옛날 우리 조상들은 먹거리를 찾아서 낚시를 시작했을 것이다. 대체 왜 사람들은 매서운 바람이 불고 거센 파도가 치는 바닷가로, 뭔가에 중독된 사람처럼 낚싯대를 들고 나가는 걸까? 해양 생물학자인 월리스 니콜스는 이런 말을 했다. "시간에 관계 없이 물 위 혹은 물가에 있으면 스트레스와 불안이 줄고 행복감이 증가한다." 그렇다. 우리는 푸른 바다와 교감하는 그 자체로 대자연에 동화되는 희열을 느끼는 것이다.

낚시를 하려면 사전에 많은 준비를 해야 한다. 낚시터에서는 평소보다 훨씬 많은 신체활동을 한다. 낚시 동작은 대략 시간당 200칼로리 가량을 태운다고 한다. 또한 물고기를 잡으려면 오랜 시간을 집중하면서 낚싯대에 진동이 올 때까지 끈기 있게 기다려야 한다. 이런 과정은 마치 자연스레 도달할 수 있는 높은 수준의 명상 효과를 낸다. 일상에서 벗어나면 세상에서 겪었던 온갖 근심, 걱정이 일순간 사라진다. '신선놀음에 도끼자루 썩는 줄 모른다.'는 고도의 집중과 몰입이 낚시꾼들에게 자연스레 일어난다. 물고기가 미끼를 물었을 때의 진동과 스릴은 우리 몸속의 열정 호르몬인 아드레날린을 왕창 분비시킨다. 반면에 차분히 미끼를 물기를 기다리는 동안의 편안함은 행복의 호르몬인 세로토닌의 증가로 바뀌는 것이다.

배 위에서 낚싯대를 드리우고 물고기가 미끼를 물기를 기다리는 동안에 잠시 눈을 감아 보라. 파도에 실려오는 바다 냄새, 배 위를 맴도는 갈매기의 울음소리, 감은 눈 위로 스며드는 밝은 빛, 철썩 소리를 내며 팔등을 적시는 바닷물이 느껴진다. 시청각은 물론 후각에 촉각까지 총동원되지만 반대로 우리의 논리적, 이성적 사고를 담당하는 대뇌 전두엽피질 수준에서의 활동 수준은 현저히 떨어진다. 부정적인 생각의 악순환 고리가 뚝 떨어져 나간다. 미국에서 참전 경험이 있는 군인들의 외상후 스트레스 증후군(PTSD) 치료 프로그램에 낚시가 들어가는 것도 이 때문이다. 친한 친구나 가족이 함께 낚시를 하게 되면 대자연과의 교감 속에서 서로 간의 유대도 증가한다는 연구도 있다. 물론 낚시한 물고기를 요리해 먹으면 건강에 좋고 영양가 높은 단백질을 섭취할 수 있다는 것은 덤이다. 보트 위에서 일행 중 한 분이 손수 장만해준 생선회를 젓가락도 없이 바닷물에 씻은 손으로 초장에 찍어 먹었다. 그러곤 문득 이런 생각이 들면서 가슴이 콩닥콩닥 뛰기 시작했다.

'오! 인생 후반기 바다낚시는 필시 내 필생의 취미가 되겠구나!'

아파트 옥상에서 김훈과 루쉰을 생각함
이름을 짓는 것(naming)의 심리학

버려진 섬마다 꽃이 피었다.

김훈의 소설 『칼의 노래』는 이렇게 시작한다. 전란으로 폐허가 된 남해안 어딘가 외딴 섬에도 어김없이 봄이 왔음을, 그 허무함 속에 피는 꽃의 감동을 단 11자로 기가 막히게 압축해냈다. 그는 또 수필집 『바다의 기별』에서 이렇게 말한다.

그러면 '꽃은 피었다'와 '꽃이 피었다'는 어떻게 다른가. 이것은 하늘과 땅의 차이가 있습니다. '꽃이 피었다'는 꽃이 핀 물리적 사실을 객관적으로 진술한 언어입니다. '꽃은 피었다'는 꽃이 피었다는 객관적 사실에 그것을 들여다보는 자의 주관적 정서를 섞어 넣은 것이죠.

자연에 어떤 작위적인 요소를 들이대는 것은 인간의 문명적인 행위이다. 하지만 자연은 말 그대로 스스로 그러할 뿐이다. 원균이 이끈 조선 수군이 칠천량에서 이기고 지는 것과는 상관없이, 이순신이 억울하게 감옥에 갇혀 있는 것과는 무관하게 꽃은 피고 계절은 바뀐다. 문명의 장난과는 무관한 엄중한 자연의 섭리를 강조하고 싶은 김훈의 심리가 읽힌다. 루쉰은 그의 산문시집 『들풀(野艸)』 서문에서 이렇게 말한다.

> 잡초는 그 뿌리가 얕고 꽃과 그 풀잎 또한 아름답지 않다. 그러나 이슬을 마시고 물을 흡수하고, 땅에 묻힌 죽은 자의 피와 살을 빨아먹고 생존한다. 살아 있는 동안 짓밟히고 깎이고 드디어 사멸과 부패에 이른다. 그러나 나는 나의 잡초를 사랑한다. 나를 위하여, 벗과 적을 위하여, 인간과 짐승을 위하여, 사랑하는 자와 사랑하지 않는 자를 위하여, 나는 이 들풀이 어서 죽고 썩기를 바란다. 그렇지 않으면, 나는 이전에 생존한 적이 없었을 테고, 이는 죽고 썩는 것보다 불행하다. 나의 서문을 따라서 가라! 들풀이여.

루쉰은 주위에 흔하고 미관상 아름답지도 않지만 자연 생태계 속에서 순환하며 명맥을 잇는 잡초의 그 끈질긴 생명력에 주목한다. 그 모습이 중국식 표현으로 '라오바이싱[老百姓]', 즉 일반 백성들의 살아가는 모습과 일맥상통한다고 본 것 같다. '바람보다 늦게 누워도 바람보다 먼저 일어나고 바람보다 늦게 울어도 바람보다 먼저 웃는다.'는 김수영의 시 〈풀〉에서 노래한 것처럼 말이다. 하지만 루쉰의 말은 어렵고 겉돈다. 잘 와 닿지 않는다. 전형적인 지식인의 현학 스타일을 보여준다. 잡초 같은 인생을 사는 민초를 사랑하는 마음을 충분히 엿볼 수 있지만 자신의 생각을 잡초에 과다하게 감정이입하고 있다는 생각을 지우기 어렵다. 그런 면에서 본다면, 차라리 가수 나훈아의 '잡초'가 더 진솔하게 다가온다.

아무도 찾지 않는 바람 부는 언덕에
이름 모를 잡초야
한 송이 꽃이라면 향기라도 있을 텐데
이것저것 아무것도 없는 잡초라네

쿵작~ 쿵작~ 뽕짝의 두 박자 선율 속으로 이름도 없고 향기도 없는 잡초의 애절함이 전해진다. 사람들의 말초신경을 자극하는 다소 유치한 신파조임에도 불구하고 공감이 간다. 21세기의 도시인도 콧노래로 따라 흥얼거릴 법하다. 잡초의 사전적인 정의는 다분히 인위적이고 어색하다. '때와 장소에 적절하지 않은 본초식물', '그 가치가 아직 발견되지 않은 식물', '농작물과 비교하여 가치가 떨어지는 식물' 등등…. 하나같이 사람 위주의 실용적인 사고방식이다. 자연을 자연 그대로 볼 줄 모르는 인간의 인색함과 옹졸함이 그대로 드러난다.

　아내와 함께 작년 여름에 고향에서 가져온 방아풀 씨를 아파트 옥상에 심었다. 스티로폼 박스 두 군데에 꽃집에서 사온 흙을 담아 작은 텃밭을 대신할 수수한 화분을 만들었다. 그러고는 아무것도 하지 않고 이삼일에 한 번씩 물만 주었다. 그런데 놀라운 일이 펼쳐졌다. 얼마 지나지 않아 엄청난 양의 방아 잎이 열리기 시작한 것이다. 그래서 적당한 때를 골라 자주 방아 잎을 따서 깨끗하게 씻어 그늘에 말린 뒤에 비닐봉지에 넣어 보관하곤 했다.
　방아풀의 이파리는 생김새가 천생 작은 깻잎을 닮았다. 하지만 강렬한 향기는 깻잎이 따를 수 없다. 대전 이북 사람들은 방아 잎의 향기가 너무 강렬해서 음식에 향신료로 넣어주면 거부 반응을 보이는 경우가 많다. 마치 중국과 베트남 음식에 많이 들어가는 시앙차이(香菜, 고수풀)를 맛볼 때의 거부반응과 유사하다. 남도 사람들에게 방아 잎의 용도는 매우 다양하다. 그냥 깻잎처럼 나물이나 쌈을 싸서 먹기도 하고, 각종 찌개에도 단골로 들어간다. 특히 생선 비린내를 없애 주기 때문에 생선회나 매운탕 등에 많이 넣어 먹는다. 물론 육개장이나 추어탕에도 필수품이다. 보신탕에도 들어가고 끓는 물에 우려 차를 만들어 마시기도 한다. 올해도 작년에 심어 놓고 아무런 조치도 취하지 않았는데 방아 이파리가 무성하다.

덕분에 라면을 끓여 먹을 때조차도 반드시 방아 이파리를 듬뿍 집어넣는다. 라면의 기름기를 덜어주고 맛을 상큼하게 해준다. 먹어보지 않은 사람은 그 풍미를 알지 못한다. 방아풀은 한약재로도 쓰인다. 한방에서는 생김새가 콩잎과 닮았고 향기가 많이 난다고 해서 콩 곽 자에 향기 향 자를 써서 곽향(藿香)이라고 부른다. 매우 중요한 상용약재다. 몸안에 습기를 제거하고 해열이 필요할 때 많이 쓴다. 지사 작용, 건위 작용도 있다. 대표적인 방제로는 '곽향정기산'이 유명하다. 소화불량을 겸한 감기에 많이 처방된다.

왜 이리 방아풀(곽향) 효능에 대해서 이렇게 장광설을 늘어놓느냐고? 방아풀은 얼핏 보기에는 들판에 아무렇게나 자생하는 들풀에 불과하다. 특별히 신경 써서 재배하지 않아도 잘 자란다. 하지만 가정에서는 향신료나 요리 재료로 유용하게 사용되고 한약방에서는 제법 귀한 약초로 대접을 받는다. 잡초 같지만 단순한 잡초는 아니라는 말이다.

사람들은 그냥 자연 속의 식물을 제멋대로 분류하고 이름 붙인다. 자신들만의 실용적인 시각으로 쓸모가 있네 없네 하며 말이 많다. 그렇지만 자연은 말 그대로 '스스로 그러한' 자연일 뿐이다. 방아풀이 이름이 없으면 어떻고 곽향이면 또 무엇하랴. 방아풀의 입장에서는 무명(無名)의 잡초든 유명(有名)한 약초든 다 인간세의 일일 뿐이다.

김훈은 소설 『칼의 노래』를 쓰게 된 배경을 노산 이은상이 번역한 『난중일기』를 여러 번 읽게 되면서라고 했다. 사실을 중시하는 해군 제독의 간결한 문체가 부러웠던 모양이다. '버려진 섬마다 꽃이 피었다.'를 연상시키는 구절이 난중일기에도 보인다.

> 영주에 이르니 좌우의 산꽃과 들가의 봄풀이 그림 같았다. (임진년, 01.20)

우리 집에서 아파트 옥상에 내팽개치다시피 했던 스티로폼 박스에 올해도 어김없이 방아 이파리가 무성해지는 것을 보면서 문득 김훈의 칼의 노래 첫 구절이 떠올랐다. 이어서 루쉰과 나훈아 그리고 노산 이은상의 수필 『노방초(路傍艸)』가 서로 꼬리를 물고 뭉게구름처럼 피어나기에 이렇게 횡설수설 몇 자 끄적거려 본다. 대충 만든 허접한 스티로폼 박스에 핀 방아풀의 꽃. 버려둔 상자마다 꽃이 피었다. 꽃이 그림 같았다.

사족. 우리 인류는 사람은 말할 것도 없고, 어떤 사물이나 동물에게 이름을 지어주고 싶어하는 뿌리 깊은 욕구가 있다. 심리학자들에 의하면 이름을 붙여주는 것에는 이런 목적이 있다고 말한다. 이름은 그것을 다른 것과 구별하게 해주고, 설명해주고, 단순화하여 조직하게 해준다. 동식물을 종-속-과-문-강-문-계 하는 식으로 계통을 잡아주는 것이 가장 좋은 예일 것이다.

 또한 우리는 무언가를 길들이거나 더 가까이 가져오기 위해 이름을 지어주기도 한다. 길들이는 행위를 통해 우리는 그 사물과 유대감을 형성하고 정서적인 안정감을 가지게도 된다. 먼 옛날 우리 조상들은 야생의 동물을 데려와 가축으로 길들이는 과정에서 그들에게 이름을 지어 주었을 것이다. 요즘 반려동물에게 이름을 붙여주는 것과 동일한 심리이다. 어떤 사람들은 자신이 아끼는 소장품, 예를 들면 자동차에도 '나의 애마(愛馬)○○○' 하는 식으로 이름을 붙여주기도 한다.

 청소년기 동년배들끼리 혹은 사랑하는 연인들이 본명과는 별도로 별명을 지어서 부르는 것 역시 같은 맥락이다. 이름을 짓는 행위에는 심리적 소유권을 강화하는 기능도 있기 때문이다. 연인들은 누가 시키지 않아도 서로의 별명을 부르며 기꺼이 '당신은 나의 것', '나는 당신의 것'이라는 사실을 인정한다. 궁극적으로 이름을 짓는 것에는 그것에 뭔가 '상징'을 부여해 주는 역할도 있다. 시인 김춘수는 그의 시 〈꽃〉에서 이렇게 노래한다.

 내가 그의 이름을 불러주기 전에는/ 그는 다만/ 하나의 몸짓에 지

나지 않았다/ 내가 그의 이름을 불러주었을 때/ 그는 나에게로 와서/ 꽃이 되었다

그러고는 또 이렇게 노래한다.

내가 그의 이름을 불러준 것처럼/ 나의 이 빛깔과 향기에 알맞은/ 누가 나의 이름을 불러다오/ 그에게로 가서 나도/ 그의 꽃이 되고 싶다

누군가에게 어떤 이름으로 불린다는 것은 그가 단순한 사람이 아니라 매우 중요한 상징성을 띠는 의미 있는 사람이라는 말이다. 그래서 데일 카네기는 이런 말을 했을 것이다.

사람의 이름은 그 사람에게 모든 언어에서 가장 감미롭고 중요한 소리라는 것을 기억하십시오.

300년 명품고택과
소설 속 집 살려낸 사대부가

강릉 '선교장'과 하동 '최 참판 댁'의 멋과 향취

21세기 접어들면서 한옥에 대한 관심이 갈수록 높아지고 있다. 관심의 범위도 관상(觀賞)의 수준을 넘어 실제 거주를 위한 생활 한옥으로까지 넓어지고 있다. 일반인도 이제는 한옥을 하나의 건축물이 아니라 문화사적 안목으로 바라보는 사람이 많아졌다.

나는 어린 시절 한옥에서 자랐다. 팔순이 넘은 부모님은 여전히 시골에 살고 계시지만 한옥을 팔고 아파트로 거주지를 옮기신 지 오래다. 나 역시 서울에서 아파트에 살고 있고 한옥으로 옮길 생각은 아직까지는 없다. 지금의 한옥은 먼 미래의 로망일 뿐이다. 하지만 가끔씩 한옥 체험을 하면서 느끼는 정취는 단순한 로망 이상이다. 전국적으로 많이 알려진 안동의 한옥마을이나 전주 한옥마을 말고도 유명한 한옥, 특히 고택 체험을 해볼

강릉 선교장은 국가문화재로서
국내외 관광객들에게 최고의
명품고택(名品古宅)으로 인정받고 있는
우리나라의 대표적인 종택이다.
300년 전통을 자랑하고 있으며 특히
활래정의 운치에 대한 찬사가 오랫동안
전해지고 있다. 선교장 내 활래정 풍경이
고즈넉해 보인다.

수 있는 기회는 많다. 그중에서 개인적으로 가장 인상 깊었던 한옥을 꼽아보라 묻는다면 단연 '선교장'과 '최 참판 댁' 두 곳을 얘기할 것이다.

두 곳을 같은 반열에 놓고 비교한다는 것 자체가 좀 어색할 수도 있다. 혹자는 이렇게 의문을 표할 것이다. "300년 전 효령대군의 11대 손인 이내번 선생이 처음 지은 수백 년 전통의 '선교장'과 2001년에 지어져서 이제 막 20년의 짧은 연륜을 가진 '최 참판 댁'을 비교한다고?"

그런데 극명하게 대조되는 연륜만큼이나 재미있는 대조점들이 있다. 먼저 선교장의 경우 강릉에 위치해 있다. 강릉은 도시 자체가 전통이 서려 있고 단아한 인상을 가진 품격 있는 도시다. 특히 선교장은 300년 전통을 자랑하며 실제로 자손들이 거주하고 있다. 물론 선교장도 한때는 종부(宗婦)를 포함하여 단 세 사람만이 아흔아홉 칸 저택을 지키는 영락(零落)의 시절도 있었다.

그러다가 폐허에 가까운 선교장을 가능한 원형을 살리면서도 완전히 새롭게 복원해낸 이가 바로 현 이강백 관장(67)이다. 감사원 관료였던 그는 90년대 초 종손인 형님을 대신하여 선교장을 살리기 위해 과감하게 사표를 던지고 낙향했다. 국가문화재로서 이제는 국내외 관광객들에게 최고의 명품고택(名品古宅)으로 인정받고 있는 지금의 선교장은 이강백 관장이 오롯이 바친 20여 년 청춘을 빼고는 설명하기 어렵다.

두주불사의 이 관장은 소탈하고 겸손하여 얼핏 보기에 무골호인처럼 보인다. 하지만 일을 하는 공인으로서의 이강백 관장과 자연인 이강백은 많이 다르다. 이 관장과 함께 차를 마시거나 술을 한잔할 때, 그는 더할 나위 없이 좋은 동네 어르신이다. 사대부 후손으로서의 기품을 잃지 않으면서도 살갑게 사람을 대해 주어 처음 보는 사람도 푹 빠져들게 한다. 반면 일을 할 때는 무섭기까지 하다. 선교장 직원들에게 이 관장의 스타일을 슬쩍 물어보았다. "아이고, 말 마세요! 평소에는 인자하지만, 일하실 때는 무서운 호랑이에요!" 하며 손사래부터 젓는다. "손님 접대로 아무리 과음하고 늦게 주무셔도 꼭두새벽부터 일어나 잔디 하나, 나뭇가지 하나까지 챙기세요!"

요즘 그는 선교장 고방(庫房)에 묻혀 있는 각종 가구나 책, 유물들을 발굴하고 복원해내는 데 여념이 없다. 그는 마치 숨은 그림찾기를 하는 듯한 짜릿한 재미를 맛보고 있을 것이다. 이미 발굴된 유물로 박물관까지 세워 운영하고 있다. 이 관장의 배려로 선교장 별당에 묵게 된 우리 일행 중 미국인은 연신 "원더풀!"을 외쳤다. 경제대국 미국인에게 300년 넘은 명문 사대부가의 전통과 기품을 보여줄 수 있어서 나도 절로 흥이 났다.

선교장 방에 들어 있는 가구나 비품은 외부에서 들여온 것이 아니라 대부분 가문에 전해 내려오는 유품들이기에 더욱 귀하다. 이강백 관장과 함께한 저녁 식사 자리에서 긴 얘기를 나누며 그가 문화재를 보호하고 원형을 복원하기 위해 얼마나 치열하게 살고 있는지를 여실히 느낄 수 있었다. 자정이 가까운 시각, 선교장 안에 자리한 연못 위에 지은 소담한 정자인 활래정(活來亭)에 교교히 흐르는 달빛은 창호지를 통해 은은하게 실내로 스며들었다. 이 관장이 직접 내온 차를 마시며 깊어가는 밤의 선교장 매력에 흠뻑 취했다.

한편 경남 하동군 악양면 평사리에 자리 잡은 '최 참판 댁'도 재미있는 사연을 지니고 있다. 알다시피 이곳은 선교장과 달리 역사 속에 실재하는 고택이 아니다. 지금은 작고한 박경리 여사의 소설 『토지』에 나오는 배경 중의 한 곳이다. 소설 속 주인공 서희와 길상 중에서 서희의 아버지인 최치수가 소설 속에서 살던 집을 현실 속의 공간 위에 재현한 것이 바로 최 참판 댁이다. 최 참판 댁이 자리한 하동군 악양면 평사리도 예사로운 고장은 아니다. 『나의 문화유산답사기』의 유홍준 교수는 일찍이 하동읍에서 악양면을 거쳐 화개면으로 이어지는 하동포구 80리 길을 일러 '우리나라에서 가장 아름다운 길'이라고 극찬한 바 있다. 박경리 여사도 자신의 소설의 배경이 되는 하동 악양에 와서는 "섬진강과 지리산, 악양 평사리 들녘 등 아름다운 자연을 모두 갖춘 곳이다!"라며 호평했다고 한다.

이처럼 풍광명미한 악양면 평사리에 소설 토지에 나오는 최 참판 댁을 실재로 구현해내겠다는 발상을 구체화한 주인공이 바로 평사리문학관 최영욱 관장(57)이다. 그는 시인이다. 그는 『산이 토하면 강이 받고』에서 이렇게 말한다.

> 평사리 최 참판 댁의 마당을 쓸다가/ 시간이 나면 섬진강가에서 논다/ 그것도 '아주 잘 논다.'며 능친다

선교장 이강백 관장이 예사 공무원이 아니었듯이 최 참판 댁을 만든 최영욱 관장도 예사 시인은 아니다. 그는 『꽃가지 꺾어 쳐서』, 『평사리 봄밤』 등의 시집으로 이미 시단에 문명(文名)을 날린 등단 시인이다. 문단에 교유 폭도 넓어 마당발 중의 마당발이다. 생전에 박경리 여사는 최 관장을 친아들처럼 각별히 아꼈다. 박경리 여사의 장례식 중계 장면을 TV 화면으로 지켜본 사람들은 최 관장을 박경리 여사의 상주(喪主)로 오인할 정도였다고 한다. 박경리 여사와의 이런 친분과 교감이 아마도 최 관장으로 하여금 최 참판 댁을 건립하도록 만든 원동력이 되었음은 어렵지 않게 짐작할 수 있다.

시인 최 관장의 탁월한 인문학적 상상력과 함께 뛰어난 기획력이 일을 성사시켰음은 말할 나위가 없다. 지금 최 참판 댁은

매년 100만 명 가까운 관람객이 다녀가는 지역 명소가 되었다. 최 관장의 활동은 여기서 그치지 않는다. 그는 2001년 고택이 완공되자마자 바로 박경리 여사를 찾아간다. 박경리 여사를 조르고 졸라 만들어낸 것이 바로 그해 11월에 처음 열려 지금까지 이어져 오고 있는 '토지문학제'와 '평사리 문학대상'이다. 이 문학제를 통해서 배출된 소설가, 시인, 수필가들이 30명을 훌쩍 넘는다고 한다. "최영욱이 없는 하동문학, 최영욱이 없는 최 참판 댁은 쉽게 상상하기 어려울 것이다!"라는 어느 문인의 말은 결코 과장이 아닐 것이다.

이강백 관장처럼 최영욱 관장 역시 소탈하고 겸손하여 주변에 사람이 끊이지 않는다. 우스갯소리를 하자면 최 관장은 워낙 발이 넓어 경향 각지 어디를 가도 아마 무전취식이 능히 가능하다고 한다. 섬진강변의 '최 참판가 야생녹차'라는 이름의 브랜드를 갖고 차 농사도 짓고 있는 최 관장과 술이나 차를 놓고 이런저런 이야기를 나누다 보면 어느새 그의 아름다운 향기에 흠뻑 젖게 된다.

최 참판 댁 마루에 서서 앞으로 펼쳐진 평사리 들판을 바라보면 풍수지리를 모르는 사람도 이곳이 얼마나 훌륭한 명당자리인지를 금방 느낄 수 있다. 본가(?)는 아쉽게도 숙박을 할 수 없지만 대신 바로 그 뒤채 쪽에 지어진 한옥체험관에서 그 아쉬움을 달랠 수 있다.

그곳에서 바라보는 정취도 본가에서 보는 것 못지않게 아름답기 그지없다. 300년 전통의 선교장에 비할 바는 못 되겠지만 그렇다고 최 참판 댁 가치가 떨어지는 것은 절대로 아니다. 처음 이 고택이 지어졌던 2000년대 초에는 다소 생경하고 인공적이란 느낌이 들었지만, 이제는 세월의 때가 덧입혀져서 자연스러운 한옥의 모습을 지니게 되어 더욱 정겹게 다가온다.

우리는 너무 쉽게 '전통'과 '현대'를 이야기하고 이 두 가지 키워드로 너무 쉽게 세상을 재단하고 있는지도 모른다. 그런 맥락에서 볼 때 300년 전통의 선교장과 20년 전 현대적 공간 위에 탄생한 최 참판 댁은 21세기를 관통하고 있는 오늘의 우리가 전통과 현대를 어떻게 보고 이 둘의 소통을 위해 어떤 노력을 해야 할 것인지를 보여주는 작은 단초가 아닐까 싶다.

전통을 고수하면서도 그 속에서 한국문화의 원형을 현대적으로 복원해내려는 이강백 관장. 소설 속에 나오는 우리 문화의 원형을 현실 속에 복원해낸 최영욱 관장. 전통과 현대의 적절한 소통과 미래와의 공존 모델을 이 두 분에게서 발견하고 있다.

사족 하나. 이강백 관장에게 "개인적으로 선교장 빼고 가장 인상 깊은 고택을 고르라면 어디를 고르시겠습니까?"하고 물었다. 이 관장은 주저 없이 대답했다. "충남 논산에 있는 명재 윤증 고택이죠!" 명재(明齋) 윤증(尹拯, 1629~1714) 선생은 숙종 때의 학자로 임금이 벼슬을 무려 18번이나 내렸으나 끝내 출사하지 않은 대쪽 같은 선비였다고 한다.

사족 둘. 최영욱 관장에게 "개인적으로 가장 인상 깊은 전통가옥이 있습니까?"하고 물었다. 최 관장은 전남 담양의 소쇄원(瀟灑園)을 들었다. 소쇄원은 조선 중종 때의 학자 양산보(1503~1557)가 그의 스승 조광조가 기묘사화로 실각하자 시골로 내려간 지은 정자로 자연미와 구도 면에서 손꼽히는 조선시대 대표적인 정자라고 한다.

사족 셋. 최영욱 관장의 말에 의하면 최 참판 댁은 조선 성종 때의 대학자인 일두 정여창(鄭汝昌, 1450~1504)의 고택인 경남 함양의 일두고택(一蠹古宅)을 모델로 지었다. 이런 연유로 최 관장은 인상 깊은 고택을 벤치마킹한 일두고택이 아니라 소쇄원을 예로 들었을 것이다.

빼앗긴 들에도 봄은 오는가?
꽃의 심리학

고향에 계신 엄마가 갑자기 혼절하여 병원 응급실로 실려 가신 일이 있었다. 벌써 여러 해 전의 일이다. 당시 며칠 입원해 응급처치를 받으신 엄마는 혹시나 있을지도 모를 후유증을 예방하기 위해 정밀검진을 받기로 했다. 일단 아버지와 함께 앰뷸런스를 타고 서울의 큰 병원으로 먼저 올라가셨다. 나는 문병을 왔던 가족들과 함께 자가용으로 뒤를 따랐다.

섬진강 최하류에 위치해 있는 고향 하동에서 출발했다. 서울행은 하동읍에서 섬진강변을 따라 악양면 평사리 가는 길, 화개 쌍계사 가는 길, 구례 화엄사 가는 길을 따라 순조로웠다. 국도가 끝나고 순천-완주고속도로에 진입하면 여정은 더욱 빨라질 것이다.

예년 같으면 어림도 없을 일이다. 내 고향 경남 하동 인근의 고장에서는 봄이 되면 화개 벚꽃축제, 광양 매화축제, 구례 산수유축제들이 앞다퉈 열리기 때문이다. 꽃 구경을 하며 새봄을 즐기려는 사람들로 도로는 인산인해가 된다. 평소 한 시간이면 충분히 지나갈 수 있는 길을 축제 시즌에는 서너 시간 걸려도 몇 발짝 나가기가 쉽지 않다. 하지만 올해는 코로나 팬데믹 덕(?)에 인적을 찾기조차 힘들다.

엄마가 쓰러지시지만 않았다면 우리 가족 역시 꽃 축제를 즐기는 상춘객의 대열에 서 있었을지도 모른다. 차를 몰고 가면서 곁눈질로 힐끔힐끔 도로변과 강변, 가까운 야산에 활짝 핀 벚꽃과 매화꽃, 산수유꽃을 볼 수밖에 없었다. 눈이 어질어질해질 정도로 황홀경이 펼쳐지고 있었다. 꽃들은 수줍은 조선조의 새 색시처럼 다소곳하지 않았다. 대담한 현대 여성처럼 저마다 멋진 자태를 한껏 뽐내고 있었다. 엄마 때문에 울적해진 마음을 다소나마 위로받을 수 있었다. 문득 이상화(1901~1943) 시인이 일제강점기인 1926년 「개벽」 잡지에 발표한 〈빼앗긴 들에도 봄은 오는가〉가 떠올랐다.

지금은 남의 땅 - 빼앗긴 들에도 봄은 오는가?

나는 온몸에 햇살을 받고
푸른 하늘 푸른 들이 맞붙은 곳으로

가르마 같은 논길을 따라 꿈속을 가듯 걸어만 간다.
(…)
나비 제비야 깝치지 마라 맨드라미 들마꽃에도 인사를 해야지
아주까리 기름 바른 이가 지심 매던 그 들이라 다 보고 싶다
(…)
나는 온몸에 풋내를 띠고
푸른 웃음 푸른 설움이 어우러진 사이로
다리를 절며 하루를 걷는다 아마도 봄 신령이 지폈나 보다
그러나 지금은 들을 빼앗겨 봄조차 빼앗기겠네

이상화 시인은 삼천리 금수강산에 꽃이 피고 새봄이 왔지만, 봄이 와도 봄을 제대로 즐길 수도 없고 즐길 마음조차 없다고 한다. 나라 잃은 망국민의 비애를 직정(直情)적으로 노래하고 있다. 왜 섬진강변의 흐드러지게 핀 봄꽃을 보면서 갑자기 이 시를 떠올렸을까. 외적으로는 온 나라가 코로나 때문에 봄을 빼앗긴 상태이고, 내적으로는 엄마 병환 때문에 심란한 상황 때문일까? '내 마음속 빼앗긴 들'에 봄이 왔건만 그럼에도 꽃을 보며 잠시 넋을 잃은 게 엄마에게 미안했던 속내가 이 시를 연상시켰나 보다.

꽃이 피는 것은 봄이 오는 신호다. 아무리 엄동설한의 추위가 이전의 기세를 몰아 꽃피는 봄을 시샘하는 꽃샘추위로 맞서보

려 해도 기어이 봄은 오고야 만다. 꽁꽁 얼어붙은 땅에서 올라오는 새싹과 딱딱하게 말라붙은 앙상한 가지에서 핀 꽃봉오리는 그래서 언제나 경탄을 자아낸다.

스크류 드라이버로 콘크리트 벽에 못을 박을 때, 두꺼운 벽을 향해 그냥 직진만 하는 것〔直〕으로는 제대로 뚫고 들어가지 못한다. 360도로 빙글빙글 돌면서〔曲〕 들어가야 한다. 그래서 우리 조상들은 꽁꽁 얼어붙은 땅을 뚫고 올라와 싹이 트고 꽃이 피며 봄이 오는 모습을 '곡직(曲直)'의 기세라고 표현한다.

'불문곡직(不問曲直)'이란 말만 해도 그렇다. 세상일에는 곧은 것과 옳은 것〔直〕, 굽은 것과 그른 것〔曲〕 등등이 엄연히 존재한다. 곡직을 무시하고 일을 처리할 수는 없다. 불문곡직하고 그러니까 다짜고짜 앞으로만 위로만 직상할 수는 없다. 빙글빙글 돌면서 나아가면 더 힘차게 더 오래갈 수도 있는 것이다.

하지만 이상화 시인이나 나처럼 봄이 와도 봄이 온 것 같지 않은 이들도 많을 것이다. 우리가 흔히 쓰는 '춘래불사춘(春來不似春)'이란 말도 사실은 오랑캐 나라로 강제로 끌려가 정략결혼을 한 전한시대 최고의 미인 등소군의 마음을 후대에 당나라 한 시인이 대신 노래한 시이다.

그런데 '춘래불사춘'이란 말은 알아도 그 시구의 바로 위 구절이 '호지무화초(胡地無花草)'라는 것을 기억하는 사람은 많지 않다. 직역하면 '오랑캐 땅에는 꽃과 풀도 없네.'라는 뜻이다. 그럴 리가 있겠는가? '어찌 북쪽 오랑캐 땅이라고 해서 풀도 없고 꽃도 없으랴만.'으로 의역하는 게 더 맞을 것이다. 낯선 땅에 끌려가 억지결혼을 하는, 유배생활이나 다름없는 자신의 처지에서는 꽃이 피고 새가 우는 봄이 와도 봄이 온 것 같지 않다는 서러운 마음을 노래하고 있는 것이다. 이상화 시인처럼 나라를 잃었거나, 등소군처럼 낯선 나라로 끌려왔거나, 나처럼 엄마가 쓰러져서 슬픈 현실은 저마다 다르다. 다만 제각각 빼앗긴 들에 꽃이 피고 봄이 왔건만 봄이 봄 같지 않은 마음이 매한가지일 뿐이다.

그나저나 사람들은 왜 꽃을 좋아할까? 미국 뉴저지 럿거스 주립대 심리학과 지넷 해빌랜드-존스 교수팀에 따르면 사람들은 남녀노소 동서양 할 것 없이 꽃다발을 선물로 받으면 기쁨으로 눈이 동그래지고 만면에 웃음꽃을 피운다고 한다. 이런 미소를 심리학자들은 '듀센 미소'라고 한다. 1800년대에 프랑스의 심리학자 듀센이 만든 용어다. 그의 관찰에 의하면 사람들에게는 인위적으로는 절대로 지을 수 없는 자연스런 미소가 있다. 입술 근육과 함께 눈가의 근육이 함께 움직이는데, 진짜로 기쁜 마음이 들지 않았을 때는 그런 미소를 지을 수 없다는 게 그의 주장이다.

진화심리학자들은 원시시대 우리 조상들이 사바나 초원에 살면서 수렵과 채집을 하던 시절의 기억을 들먹인다. 그 시절에는 꽃이 곧장 식량을 연상시켰다는 것이다. 꽃이 진 자리에는 채집의 대상인 열매가 생기기 때문이다. 이런 기분 좋은 기억이 꽃에 대한 긍정적인 반응으로 이어진다는 말이다.

더구나 꽃은 그 자체로 시각과 후각을 동시에 자극하는 '강력한 자극(super stimuli)'이기도 하다. 이것은 마치 수컷 공작새의 화려한 깃털 춤을 보고 황홀해지는 암컷 공작새의 마음에 비유할 수 있다. 암컷 공작은 길고 숱이 많으며 화려한 꼬리를 가진 수컷을 더 좋아한다고 한다. 그것이 수컷의 유전적 건강을 상징하는 지표이기 때문일 것이다. 오죽하면 꼬리가 짧고 숱이 적은 수컷이 바닥에 떨어진 다른 수컷의 깃털을 가져와 자신의 깃털인 것처럼 치장을 할까. 공작새의 암수는 둘 다 자신들이 왜 꽃처럼 화려한 꼬리털에 집착하는지 알지 못할 것이다.

사람을 포함하여 영장류는 특별히 학습을 받지 않았는데도 뱀처럼 미끈한 피부에 길게 생긴 파충류에 본능적으로 거부와 공포의 반응을 보인다. 그런데 우리는 그 이유를 모른다. 파충류처럼 생긴 물체는 피하고 보는 것이 원시시대 이래 우리의 생존에 유리했을 것이므로 '뱀=독'이라는 등식이 생겨났을 것이다. 마찬가지로 꽃은 열매를 제공해줘서 친하고 보는 것이 우리 생존에 유리했기에 '꽃=식량'이라는 등식이 우리 인류의 마음속에 서서히 유전자처럼 새겨졌을 것이라고 추정할 뿐이다.

코로나 시국이 이어지면서 마음이 울적하고 심사가 어지러운 분이 많을 것이다. 이상화 시인처럼 나라를 잃지 않았어도, 코로나로 소중한 가족을 잃었거나 바이러스와 처절하게 생존의 투쟁을 벌이는 분들과 그 가족들도 많을 것이다. 그러므로 나처럼 연로하신 부모님이 일시적으로 쓰러진 것은 비할 데 없이 미미한 불행일 수도 있다. 그러나 그 역시 정도만 다를 뿐이지 마음속 들을 빼앗긴 것이라는 점에서는 동일하다. 이미 봄은 왔지만 봄이 온 것 같지 않고, 빼앗긴 들에도 봄은 오는가 하고 묻는 그 마음을 우리는 충분히 공감할 수 있다.

하동 출신의 시인 정호승은 그의 시 〈꽃〉에서 '마음속에 박힌 못을 뽑아 그 자리에 꽃을 심는다.'고 한다. 우리네 각자의 마음속에 박힌 못은 무엇일까? 고단한 삶의 여정에 불쑥 예고 없이 찾아오는 깊은 슬픔일까. 아니면 그 슬픔마저 오로지 가슴으로만 견뎌야 하는 처연함과 상실감일까. 그래서 시인은 얘기한다. 꽃이 인간의 눈물이라면 그 얼마나 아름다운 것이냐고. 예기치 않는 일로 마음의 봄을 잃은 분들에게 이 시를 권한다. 또 그 경계에서 시인의 역설처럼 마음속 깊숙한 곳에 박힌 못 대신 그곳에서 피어나는 꽃처럼 아름다운 우리의 삶과 마주하기를 소망한다.

연필과 만년필로 글을 쓴다는 것

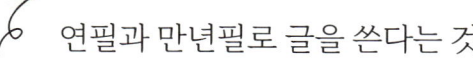
디지털 시대 글쓰기의 심리학

다른 필기구를 제치고 만년필을 주된 필기구로 정한 것은 1986년도의 일이다. '마지막 광복군'으로 불렸던 김준엽(1920~2011) 전 고려대 총장님을 인터뷰할 때다. 그때 선생께서 내가 쓴 원고에 가필을 하며 사용하시던 파커 만년필이 어린 대학생의 눈에는 그리 좋아 보일 수가 없었던 모양이다. 선생과의 첫 만남 이후 나는 파커 만년필의 지독한 마니아가 되었다.

하얀 200자 원고지 위를 지나갈 때 파커 만년필의 '사각사각'하는 소리를 듣고 싶어서 원고를 쓴다고 해도 과언이 아니었다. 컴퓨터로 글을 쓰는 지금, 만년필은 더 이상 주 필기구가 아니지만, 그 소리는 아련한 추억의 갈피 속에 아직도 남아 있다. 영광스럽게도 존경하는 김준엽 선생은 대학생이었던 내 글을 당신의 저서 『역사의 신』에 등재해 주었다. 기라성 같은 학자들과 당대 최고의 저널리스트들의 글과 함께.

대학 새내기 때 당시 철학과 신진 교수였던 도올 김용옥 선생에게서 노자 등 몇 개 과목을 배운 적이 있었다. 그는 리포트의 질도 질이거니와 그 이전에 양도 많이 따졌다. A4 크기의 리포트 용지 열 장 이내로 쓴 것은 거들떠보지도 않았다. 특히 리포트를 손수 필기구로 쓰지 않고 타자기나 그 당시 갓 나왔던 전동타자기 등 기계의 힘을 빌려 작성한 것은 성의가 없다는 이유도 아예 받지도 않았다. 그 스스로도 만년필로 직접 원고를 작성했었던 걸로 기억한다.

도올의 한없이 까탈스럽고 괴팍(乖愎)하기 그지없는 성정은 그의 치기 어린 열정과 더불어 너무 많은 사람을 불편하게 했다. 그를 전인격적으로 존경한 것은 아니었지만, 어쨌든 그는 많은 인문학적 계발의 영감을 준 교수 중의 한 사람이었음이 틀림없다. 너무나 당연하게도 감사의 마음을 품고 있다. 30대 후반 하버드에서 박사학위를 받자마자 귀국해 강의시간에 "40 넘은 사람은 다 죽어야 나라가 혁신될 것이다."라고 쇳소리로 호언장담하던 그도 이제 70이 넘은 노인이 되었다.

소설가 김훈 선생을 처음 만난 건 2002년 그가 한겨레신문 기자로 일할 때였다. 원래 미문(美文)으로 유명했던 그는 2001년에 소설 『칼의 노래』를 발표하여 문단의 큰 주목을 받고 있었다. 빨강과 노랑이 섞인 원색적인 옷을 입고 다니기를 즐겼던 스타일리스트였던 그는 연필을 사용하여 집필하는 작가로도 유명하다. 그는 산문집 『밥벌이의 즐거움』에서 이렇게 말한다.

> 연필로 쓰면 내 몸이 글을 밀고 나가는 느낌이 든다. 이 느낌은 나에게 소중하다. 나는 이 느낌이 없이는 한 줄도 쓰지 못한다. 이 느낌은 고통스럽고도 행복하다.

무슨 연유인지는 몰라도 김훈 선생의 손은 대체로 시인이나 소설가 등 문인들이 보여주는 곱상한 손과는 거리가 멀어 보였다. 그렇다고 블루칼라의 손 같지는 않았다. 문인의 손이라기보다는 무인(武人)의 손처럼 보였다. 속으로 '저 투박한 손으로 연필을 잘 깎지는 못하실 것 같군!' 하고 생각했던 기억이 난다. 그는 아마 지금도 연필로 소설을 쓰고 있을 것이다.

『그리스 로마 신화』로 유명한 이윤기(1947~2010) 선생은 골초였다. 그의 입에서는 동서고금의 온갖 신화, 전설, 동화가 줄줄이 엮여 나왔다. 우연한 자리에서 만난 선생이 처음 보는 후학을 다정한 눈빛과 구수한 사투리 억양으로 살갑게 대해 주셨던 기억이 새롭다.

그가 언젠가 이런 얘기를 한 적이 있다. 아마도 동료 문인들과 글쓰기에 대해서 논하는 자리였던 모양이다. 제각기 집필할 때의 도구들을 얘기했다. "나는 컴퓨터를 쓴다.", "나는 아직도

구식 타자기가 있다." 등등. 그런데 한 사람이 끼어들었다. "나는 만년필이 아니면 영 원고를 쓸 수가 없어!" 아마도 그분은 연필 아니면 글을 못 쓰는 김훈 선생처럼 예의 '고통스러운 행복'을 즐기는 분이었나 보다. 그런데 걸쭉하지만 품격 있는 입담으로 유명한 이윤기 선생의 대답이 걸작이다. "아예 한지를 펴놓고 붓으로 글을 쓰지 그러냐?" 그 말에 좌중은 파안대소했다.

90년대 초에 유학을 떠나 2000년도에 귀국한 나는 급속하게 보급된 한국의 IT문화에 적응하기가 쉽지 않았다. 일단 어지간한 원고는 거의 예외 없이 컴퓨터로 친 텍스트 파일로 보내 달라고 했다. 연필로 '마인드맵'을 그리고 그것을 보며 만년필로 원고지에 글을 쓰던 오랜 습관을 쉽게 바꿀 수 없었다. 그 덕(?)에 잘 되지도 않는 '독수리 타법'을 구사하며 진땀을 흘려야 했다. 여전히 지금도 독수리 타법을 벗어나진 못했지만 이제는 적응이 많이 되었다. 무엇보다 나름의 노하우도 생겨서 글 쓰는 데는 그다지 불편함은 없다. 긴 인용문을 옮길 때는 가끔 짜증이 날 때도 있지만 사고의 속도가 느린 탓인지 독수리 타법이 사고의 속도를 따라잡는 데 큰 문제가 없다는 의미다. 요즘엔 장문의 인용문은 휴대폰으로 찍어서 사진을 텍스트로 전환하는 앱을 이용하니 참으로 편하다.

최근 10여 년간 디지털 시대를 맞아 필기구도 많은 변천을 했다. 내 경우만 해도 원고 집필은 태블릿 PC나 컴퓨터로 하지만 기타 메모는 다양한 기구가 동원된다. 2000년대 초기에는 PDA가 나와서 수첩을 대신해서 손으로 그리는 메모를 할 수가 있었다. '셀빅'이라는 국산 PDA을 썼는데 용량도 작고 조잡한 흑백 필기만 가능했지만 그것만으로도 얼마나 고마웠는지 모른다. 손으로 그리는 전자메모도 점차 발달하여 아이리버 출신의 양모 사장이 독립하여 만든 '민트패드'라는 도구가 획기적이었다. 민트패드는 수천 장의 포스트잇과 각종 형광펜, 색깔 있는 펜과 붓을 다 가지고 다니는 효과가 있었다. 필기감과 효용성을 놓고 보면 오늘날의 노트필기가 가능한 휴대폰의 성능을 확실히 능가한다.

휴대용으로 가지고 다니면서 뭔가 정리를 하기 위해서는 초소형 키보드가 달린 '조나다'라는 일본산 PDA도 정말 좋았다. '이지프로'라는 삼성에서 나온 컴퓨터형 PDA도 본전을 뽑을 만큼 잘 사용했던 기억이 난다. 다들 지금은 사라진 추억의 디지털 글쓰기 도구들이다. 지금은 원고를 쓸 때 주로 12인치 태블릿 PC와 미니 태블릿 PC 두 대를 동시에 놓고 쓴다. 블루투스 키보드를 연결시켜 사용한다. 꼭 필요할 때만 노트북 컴퓨터의 지원을 받는다. 대체로 텍스트 위주의 원고를 주로 쓰는 편이라 집필용으로 '한글' 앱을 갖고 있는 태블릿 PC로 충분하다. 이제는 기본적인 일정 조정과 짧은 메모는 휴대폰으로 해결하고 다소 긴 원고는 태블릿 PC로 해결하지만, 그래도 손으로 하는 메모에 대한 추억과 연모(戀慕)는 끈질기다. 내 경우에는 종이에 연필로 하는 필기보다 더 빠르고 다양하게 브레인스토밍에 도움이 되는 필기구는 없는 것 같다.

그래서 가방에는 꼭 연필을 챙겨 다닌다. 한때는 미술 전문가들을 빼고는 내가 세상에서 제일 많이 연필을 갖고 다닌다고 농담을 할 정도였다. 그렇다고 김훈 선생처럼 연필 칼을 가지고 다니지는 않는다. 이럴 땐 그냥 휴대용 연필깎이가 제격이다. 그러다가 내 성향을 정확히 파악한 어떤 후배가 선물해준 독일의 한 문구회사에서 나온 휴대용 연필깎이가 달린 연필 홀더를 주로 사용하고 있다.

미래학자들은 책이 없어지고 전자책이 이를 완전히 대체할 거라고 예언했지만 요즘 출판시장이 불경기이긴 해도 책이 사라질 징후는 찾기 힘들다. 마찬가지로 아무리 전자기기에 각종 앱을 깔거나 전자 종이에 손으로 혹은 전자 펜으로 필기를 하는 세상이 되었다 해도, 직접 종이에다가 손으로 연필을 들고 필기하는 세상은 절대로 사라지지 않을 것이다. 태어난 지 얼마 되지 않아서부터 각종 연필, 색연필, 크레용 등을 사용하며 수십 년을 살아온 우리 전통의 풍습이 사라진다는 징후도 없고, 그렇게 체득한 우리 몸의 기억이 그리 쉽게 지워질 것 같지도 않기 때문이다.

육필(肉筆)이란 문자 그대로 몸으로 쓰는 일이다. 우리가 살아 있는 한 몸으로 써 내려간 기억이 가장 선명할 것이다. 심리학 연구에 따르면 2차원의 디지털 평면에 키보드를 두드려 쓰는 일보다 종이에 글을 쓰는 일이 3차원적인 '공간정보'라는 단서를 남기기 때문에 훨씬 더 오래 기억에 남는다고 한다.

이처럼 노트 필기가 중요하다는 것은 우리도 이미 경험으로 알고 있다. 연필이나 만년필 같은 도구가 없던 시절, 기록을 위해서 묶고(tie, 설형문자) 새기는(carve, 상형문자) 시대는 지났다. 이후 붓이나 펜과 같은 필기구가 등장하여 쓰는(write) 시대가 도래했고, 타자기로 두드리는(type) 시대도 지나갔다. 지금은 컴퓨터로 자료를 처리하는(process) 시대다. 그럼에도 여전히 연필이나 만년필 등의 도구를 이용한 쓰기(writing)의 추억은 영원할 것이다.

프라도미술관에서 사흘 연속 죽친 사연

몰입(flow)의 심리학

쥐띠 해가 저물고 소띠 해가 시작되면서 소셜 미디어를 통해 많은 카드를 받았다. 그중에 가장 인상적인 카드 문구는 이랬다. "2020년 행복했쥐? 2021년 행복하소!" 반말로 시작해서 반존댓말로 끝났지만 기분은 좋다. 십이간지 동물 이름을 운율처럼 넣어서 묵은해를 보내고 새해를 맞는 이들에게 적절하게 안부를 묻고 덕담을 건네는 센스가 돋보인다.

알다시피 우리 조상들은 해가 바뀌는 과정에서 갖는 마음가짐을 송구영신(送舊迎新)이라는 말로 표현했다. 지나간 것은 지나간 대로 훌훌 털어버리고 새로운 마음으로 새해를 맞으라는 소리다. 우리는 살아가면서 그때그때 인생의 고비를 맞는다. 그리고 그 고비를 넘기는 과정에 의미를 부여한다. 한 해를 떠나보내고 새로운 한 해를 맞는 과정도 마찬가지다.

새해맞이를 포함해 생일잔치, 입학식, 입사식 등 그런 과정을 통틀어 인류학에서는 통과의례(rites of passage)라고 한다. 통과의례는 분리(分離)와 전이(轉移) 그리고 재통합(再統合)으로 구성된다. 용어가 다소 낯설지만 그리 어려운 개념은 아니다.

'분리'는 지나간 시간, 옛것에 연연하지 하고 그것을 내 마음에서 떠나보내고 지우는 일이다. 옛것에 집착하지 않고 그것을 마음속에서 미련 없이 죽이는 과정이기도 하다. 이렇게 새로운 한 해로 마음을 옮겨가는 '전이' 과정을 거치면 우리는 새로운 시기에 걸맞는 새로운 사람으로 '재통합'되어 다시 살아나는 것이다.

퓰리처상을 수상한 미술비평가 제리 살츠(1951~)는 언젠가 젊은 예술가들을 위한 강연에서 이런 말을 한 적이 있다. "예술가의 삶은 고되다. 그러므로 정말, 정말, 정말, 정말로 꼭 하고 싶을 경우에만 그 길을 택하라. 작가로서 당신은 가난하게 살게 될 것이다. 하지만 그 삶이 절대 지루하진 않을 것이다." 또 그는 "작가가 해야 할 첫 번째 일은 자기 생각을 '구슬로 꿰어내는 것'이다. 당신이 어떤 생각을 갖고 있든 작품을 만들어내지 않으면 예술은 없다."라고 하면서 "밤을 꼬박 새울 만큼 치열하게 하고, 동료 작가들과 서로 지지해주라. 혼자서 버티기엔 당신이 굉장히 약한 존재임을 잊지 마라."라고 당부했다.

풀리처상을 수상한 미술비평가 제리 살츠(1951~)가 젊은 예술가들을 위한 어느 강연에서 "여행할 기회가 생긴다면 스페인 마드리드의 프라도 미술관에 가라. 버스를 타든, 비행기를 타든, 무조건 그곳에 가야 한다. 가서 삼일을 그곳에서 보내라. 다른 곳은 필요 없다."라고 강조한 바 있다. 아래 사진은 프라도 미술관 대표작 중에 하나인 고야의 〈봉끌레아의 총살〉(좌), 벨라스케스 〈시녀들〉(우)이다.

그는 또 "질투를 이겨내고, 강인해지라!"라고 말하면서 뜻밖에 이런 말을 덧붙였다. "여행할 기회가 생긴다면 스페인 마드리드의 프라도 미술관에 가라. 버스를 타든, 비행기를 타든, 무조건 그곳에 가야 한다. 가서 삼일을 그곳에서 보내라. 다른 곳은 필요 없다."

무슨 뜬금없는 프라도 타령이며 삼일 연속은 또 뭐란 말인가. 그렇지만 그의 말을 듣는 순간 온몸에 전율이 일었다. 그 말이 내 안에 잠자고 있던 예술을 향한 열정과 숨겨진 본능에 불을 지폈다. 당연하게도 제리의 말을 들은 이듬해 나의 첫 번째 버킷리스트는 스페인의 수도 마드리드에 있는 프라도 미술관을 찾아가는 것이었다. 비록 미술평론가는 아니지만 중세 기독교 미술이나 르네상스 시대의 미술작품을 소재로 심리학적으로 분석하고 그 내용을 언론 매체에 기고하거나 강연을 하는 것도 내 일상의 중요한 부분을 차지하고 있기 때문이다.

2020년 1월 가족들과 함께 마드리드로 갔다. 공식적으로 여행의 가장 중요한 목적은 아프리카 최빈국 M국에서 선교사로 헌신하고 있는 동서 부부와 함께하며 그들을 위로해주는 거였다. 하지만 개인적으로는 프라도 미술관 방문이 더 큰 목적이었음은 부인할 수 없다. 아프리카와 유럽 몇 개 나라를 돌며 휴식을 취하자는 본래 계획을 바꿔 여정을 오롯이 스페인으로만 한

정하자고 강력하게 주장한 것은 나였으니 말이다.

"무조건 그곳에 가야 한다. 가서 3일을 그곳에서 보내라. 다른 곳은 필요 없다." 제리 살츠가 젊은 예술가들에게 던진 이 말은 내게로 와서 지상명령이 되었다. 그렇게 2019년을 보내고 2020년을 맞이하는 통과의례는 프라도 미술관에서 시작되었다.

오전 10시 개관하자마자 입장해서 저녁 8시 문을 닫을 때까지 하루 10시간씩 연 사흘을 프라도 미술관 안에서 죽치고 살았다. 점심은 미술관 안에 있는 레스토랑에서 해결했다. 온종일 미술관에서 보내라는 제리 살츠의 의도가 대체 무엇이었는지 알고 싶었던 것이다.

알다시피 프라도에는 벨라스케스의 〈시녀들〉, 히에로니무스 보쉬의 〈쾌락의 정원〉, 프란시스 고야의 〈몽끌레아의 총살〉 등을 비롯하여 보티첼리, 엘 그레코, 티치아노 등 서양미술사에 빛나는 수많은 천재 화가들의 주옥 같은 명작들이 미술관을 꽉 채우고 있다.

어느 하나 귀하지 않은 작품이 있으랴만, 특별히 벼르고 있었던 로히르 반 데르 바이덴의 〈십자가에서 내려지는 예수〉(1439~43)를 오랫동안 볼 수 있어서 참 좋았다. 안토니오 코레지오의 〈놀리 메 탄게레〉(1518), 쥐세페 리베라의 〈야곱의 꿈〉(1636), 프라 안젤리코의 〈수태고지〉(1430~32)도 인상적이었다.

나는 황홀했다. 다리는 아프고 목은 말랐지만 그건 아무 상관이 없었다. 미술관을 종횡무진 누볐다. 사흘 동안 같은 통로를 셀 수 없이 오갔다. 때로는 세계 각지에서 몰려든 많은 관람객들이 떠들며 청각과 시야를 방해하기도 했지만 이미 마음은 작품 속으로 빨려 들어가 있었기 때문에 개의치 않았다.

어떤 작품 앞에서는 몇 시간씩 서서 그림을 응시했고, 어떤 그림은 몇 분만 스치듯 바라보기도 했다. 다시 생각나는 작품은 되돌아와 다시 바라보기를 얼마나 했던가. 시간이 어떻게 흘러가는지 알 수 없었다. 복잡한 미로 같았던 미술관 구조가 머릿속에 일목요연하게 정리되었다. 그동안 찾지 못해 미완성으로 남아 있던 거대한 퍼즐의 여러 조각들을 찾아서 맞춘 듯한 느낌이 들었다.

패키지 여행에서는 도저히 맛볼 수 없는 특별한 여행이었다. 가이드 설명이 끝나고 고작 한두 시간 안에 많은 작품들을 주마간산 격으로 둘러보는 것과는 차원이 다르다. 그동안 프라도에 소장된 화가들과 그들의 작품을 소재로 한 서적이나 도록을 탐독하면서 채워지지 않았던 공허함을 다소나마 메꿀 수 있었다. 사흘 연속 프라도에 머물면서 수많은 통섭적인 영감과 융복합적인 통찰에 전율했다. 이것은 그동안 내가 가지고만 있었지 한 줄로 꿰지는 못했던 구슬들을 꿸 수 있는 여러 가닥의 실을 얻은 것에 비유할 수 있을 것이다. 말로 하기 힘든 기쁨이 온몸을 덮었다. 그것은 고도의 집중과 몰입에서 오는 희열이었다.

이런 경험은 영화에 관한 글을 쓰기 위해 수십 번 영화를 돌려볼 때 겪는 일과 비슷하다. 나는 영화평론가가 아니지만 한 번씩 영화를 심리학적으로 분석하는 글을 쓴다. 다른 영화평론가들이 하는 것과 비슷한 소리를 동어반복하듯 늘어놓기 싫어서 영화에 고도로 집중한다. 어떤 경우에는 열 번 스무 번 영화를 다시 돌려보기도 한다. 처음엔 편안하게 줄거리를 따라간다. 다음에는 처음에 놓친 내용을 챙긴다. 세 번째부터는 영화감독이나 시나리오 작가가 구상한 큰 그림이나 숨겨놓은 수수께끼 같은 비유나 상징이 없을까를 챙긴다. 이렇게 몰입해서 여러 번 보다 보면 점차 영화의 빅픽처부터 디테일한 부분까지, 영화 속 인물이나 배경과 소품의 의미까지 눈에 들어오는 것이다.

　70대 초반의 베테랑 평론가 제리 살츠. 그가 사흘 연속 프라도를 가라고 한 것도, 고도의 집중과 몰입에서 오는 창의력을 경험해 보라는 뜻을 젊은 예술가들에게 넌지시 전한 것이 아니었나 싶다. 제리 살츠의 말을 실천해 보면서 그가 심리학자 미하이 칙센트미하이가 말하는 몰입(flow)의 즐거움을 가장 잘 아는 사람일 거라는 생각이 들었다.

　칙센트미하이는 '어떤 개인이 자신이 하고 있는 일에 빠진 심리상태'를 몰입이라고 말한다. 그때는 동양에서 말하는 망아(忘我)의 경지처럼 시간이 흐르는 줄도 모르고 자아를 잊어버리게 된다. 이렇게 몰입은 누가 시켜서 하는 것이 아니다. 외적인 보상을 바라지도 않는다. 몰입 그 자체를 목적으로 한다.

"작가로서 당신은 가난하게 살게 될 것이다. 하지만 그 삶이 절대 지루하진 않을 것이다."라는 제리의 말은 "외적인 보상, 즉 돈만이 우리를 행복하게 하는 것이 아니라 몰입상태를 일으키는 다양한 활동을 통해 생활의 즐거움, 지속적인 만족감, 행복을 추구하라."라는 칙센트미하이의 말과 단어만 다를 뿐 본질적으로 똑같은 소리인 것이다.

너무나 행복하게도 난 새해를 맞으며 제리 살츠의 말을 실천하면서 칙센트미하이가 말하는 몰입의 행복을 맛보았다. 그리고 그 여세를 몰아 앞으로 해마다 각국의 주요 미술관을 하나씩 정해서 사흘씩 연달아 찾아가는 이른바 '1.1.3 프로젝트'를 구상하며 꿈에 부풀어 있었다.

'1.1.3 프로젝트'가 뭐냐고? 해마다 1월이면 1개 미술관을 정해서 3일 연속 죽치면서 몰입하는 프로젝트이다. 그러나 그 꿈은 스페인에서 돌아오자마자 물거품이 되었다. 2월부터 코로나 바이러스가 지구촌에 창궐하기 시작했고 그 여파는 해를 넘긴 2021년 새해에도 더 심해지고 있다. 매년 새해를 '1.1.3 프로젝트'로 멋지게 맞으면서 통과의례를 치르려 했던 구상은 코로나라는 거대한 암초를 만났다. 급히 항로를 변경할 수밖에 없었다. 올 1월 새해맞이 통과의례는 유럽의 A미술관에서 홈페이지를 통해 공개하고 있는 B화가의 소장품을 모아서 나름대로 정리하며 몰입하는 것으로.

2021년 '1.1.3프로젝트'는 '꿩 대신 닭'이긴 하지만 코로나 블루 시대의 우울한 일상 속에서 허우적거리지 않고 살아남으려는 개인적인 몸부림이기도 하다. 어제의 나, 작년의 나에 머무는 것이 아니라 늘 새로운 오늘의 나, 올해의 나로 거듭나는 일상 속 부활의 경험이 내년 신축년 새해에도 지속되기를 희망한다.

계란 프라이와 후배의 간짜장

추억의 심리학

　스페인 출신의 화가 디에고 벨라스케스(1599~1660). 그는 '스페인 바로크' 미술의 거장이다. 그를 빼고 서양미술사를 논할 수는 없다. 특히 그가 그린 〈시녀들〉이라는 작품은 바로크 미술을 대표하는 걸작이자 스페인 황금기를 대표하는 작품이다. 지금도 많은 사람들이 그 그림을 보려고 스페인 수도 마드리드에 위치한 프라도 미술관을 찾는다.

　벨라스케스는 '초기 바로크' 미술의 거장인 카라바조(1573~1610)의 영향을 받아 경건한 종교적인 내용을 주제로 하는 그림을 많이 그렸지만, 가난한 일반 민초들의 고단한 일상을 그린 작품도 많다. 그가 아직 화단에 이름을 널리 알리기 전인 1618년, 그러니까 그의 나이 18살에 그린 그림 중에 〈계란 프라이를 하는 노파〉라는 작품이 있다.

영국 에든버러에 있는 스코틀랜드 국립미술관에 소장되어 있는 이 그림은 그림 속의 노파가 아들인지 손주인지는 알 수 없으나 어쨌든 어린 친구에게 계란 프라이를 해주는 모습을 그리고 있다. 우리나라에 달걀이 보급되고 또 계란 프라이 요리가 정착된 게 언제인지는 모르지만, 아무리 거슬러 올라가도 벨라스케스가 이 그림을 그린 시절까지 올라갈 것까지는 않다. 1618년이면 우리나라가 임진왜란(1592~1598)을 겪은 후이고 병자호란(1636~1637)을 앞둔 시기다. 이 시기에 우리나라에서 계란 프라이를 해먹었다는 기록은 없다.

우리나라에서는 1970년대 초에 '보온도시락'이라는 게 처음 나왔다. 초기에는 스티로폼을 소재로 스테인리스 밥공기가 들어갈 모양에 반찬통과 물통이 들어갈 공간을 가진, 비닐로 커버를 씌운 다소 조악한 형태였다. 그래도 점심시간에 열면 온기가 제법 남아 있었다. 교실 한가운데 놓인 장작이나 조개탄으로 피운 난로 위에 노란 알루미늄 도시락을 차근차근 올려서 차갑게 식은 도시락을 데워 먹던 시절에 비하면 놀라운 시대적 변화였다. 점심시간이면 밥공기에 반숙한 달걀 프라이를 얹은 보온도시락을 열고 흰 쌀밥 사이로 스며든 터진 노른자를 먹는 맛은 일품이었다.

물론 이 맛을 즐긴 이가 많았던 것은 아니었다. 반농반어(半農

牛漁)의 빈한한 시골에서 이런 정도의 여유를 누리는 학생은 많지 않았다. 달걀이 상대적으로 귀했기 때문이었을 것이다. 하여 간 프라이를 비롯한 계란 관련 요리는 소위 586세대에게는 하나의 로망이었다. 소풍을 가거나 여행을 떠날 때에도 삶은 계란은 필수 품목이었다. 중고교 시절의 외식 주 메뉴 중의 하나도 계란 프라이를 곁들인 오므라이스였다.

초등학교나 중학교 시절에 중간고사나 기말고사 등 시험을 치고 난 날 저녁이면 부모님과 함께 중국집에 가서 먹었던 짜장면과 탕수육이 최고의 외식이었다. 그때에도 부모님의 허락하에 소스가 따로 나오고 달걀 프라이를 얹어주는 간짜장을 주문하는 건 또 하나의 즐거움이었다.

그런데 간짜장에 계란 프라이를 얹어주는 요리방식은 내가 살던 경상도 등 일부 지방에만 있었던 모양이다. 80년대 전두환 정권 시절 자취를 하던 한 대학 후배(물론 고향 후배이기도 하고)가 간짜장을 먹기 위해 서울의 학교 앞 중국집을 찾았다가 중국집 주인과 대판 싸웠다고 했다. 간짜장을 시켰는데 계란 프라이가 안 나왔다는 이유로. 가난한 자취생이 그냥 짜장도 아니고 비싼 간짜장을 큰 맘 먹고 시켰는데 프라이가 없었으니 그의 좌절과 분노를 이해할 만하다. 난생처음 들어보는 '간짜장+계란 프라이'라는 조합과 프라이 부재에 대한 항의에 중국집 주인은 또 얼마나 황당했을까. 생각만 해도 웃음이 절로 나온다.

역시 그 시절 이야기다. 다른 후배에게 점심을 사주러 학교 근처 식당을 찾았다. 내가 주문한 건 그 식당의 정식이었다. 정식의 다른 반찬은 매일 바뀌어도 계란 프라이는 항상 따라 나왔기 때문이다. 그런데 정식이 아닌 다른 메뉴를 주문한 그 후배가 음식이 나오자마자, 내게 묻지도 않고 내 정식의 프라이를 한입에 날름 집어 먹는 게 아닌가? 정식을 시켜도 되는데 자신은 다른 요리를 시키고, 선배 밥상에 나온 프라이를 슬쩍하는 후배가 엄청 얄미웠던 모양이다. 나도 모르게 뒤통수를 한 대 갈겼다. 아차, 했지만 엎지르진 물이다. 후배는 "먹을 때는 개도 안 건드린다는데…" 하며 볼멘소리를 했다.

이 사건은 두고두고 뇌리를 떠나지 않았다. 근 20여 년의 세월이 지난 몇 년 전 그 후배에게 그날의 사건을 정식으로 사과했다. 지금은 유명한 글로벌 기업의 간부로 있는 후배는 "형은 언제 적 얘기를 하시는 거예요?" 하며 웃어넘긴다. 본인도 잊지는 않았다는 거다. 어쨌든 그날 나는 '먹을 때는 개도 안 건드린다.'는 금기를 깨뜨린 못난 선배라는 혼자만의 심리적 부채의식을 20여 년 만에 청산한 셈이다.

심리학자들에 의하면 사람들이 자신의 과거에 일어난 추억을 회상하는 것이 정신건강에도 좋다고 말한다. 물론 잃어버린 옛날, 돌아갈 수 없는 과거, 불쾌한 옛일에 매달려 그것을 반복적으로 되새김질하면서 제대로 된 오늘을 살지 못하는 경우가 아니라면 말이다. 우리는 사랑하는 사람과 함께 많은 에피소드를 공유했던 좋은 시절을 돌이켜 생각할 때면, 좀 더 건강한 현재를 만끽하고 행복해한다고 한다. 물론 앞으로 일어날 미래에 대해서도 더욱 긍정적으로 사고하고 준비도 하게 된다는 것이다.

대개 특정 음식에 대한 선호도는 초등학교에 들어가기 전에 대부분 정해진다고 한다. 음식에 대해 유독 고향의 맛, 엄마 손맛을 따지는 것도 이런 과학적 근거가 있다는 소리다. 우리 세대에게 달걀은 아련한 그 시절의 아름다운 이야기와 함께 기억되는 추억의 음식이다. 그러나 아들과 딸은 흔해 빠진 달걀 요리를 좋아하는 아빠의 마음을 잘 알지는 못한다. 가끔씩 계란 프라이의 반숙 노른자와 섞인 쌀밥을 목구멍으로 넘기는 일은 지금도 색다른 즐거움이다.

라면은 그냥 아무것도 넣지 않고 쫄깃하게 끓여야 한다고 주장하는 아들 딸과 달리 나는 계란을 반드시 '풀지 않고' 넣어서 반숙 노른자를 즐긴다. 계란찜이나 삶은 달걀 혹은 계란 프라이가 아들과 딸에게는 그냥 흔해 빠진 요리 축에도 끼지 못하는 음식으로 보일지도 모른다.

하지만 우리 세대의 로망이었고, 추억이고, 역사였던 계란이 지금도 좋다. 벨라스케스의 그림 속에 나오는 그 소년도 성년이 되었을 때 저 노파가 해주었던 계란 프라이가 분명 그리웠을 것이다.

희망의 봄을 기다리며
영화 〈호프 스프링즈〉에 대한 단상

시절이 하수상하다. 저녁 안개 자욱한 숲속처럼 끝이 보이질 않는다. 코로나19 팬데믹으로 인해 지구촌은 이미 아수라장이다. 바이러스의 직격탄을 맞은 곳이 한군데일까마는 영화관도 예외는 아니다. 아예 문을 닫거나 일부 상영관만 문을 연 곳이 많다. 나처럼 새 영화가 개봉하자마자 영화관으로 달려가거나 심야 영화를 포함해서 어떤 날은 하루 저녁에 영화 두세 번 관람도 불사하는 영화광에게는 답답한 노릇이 아닐 수 없다. 이런 시절에 기분 전환용으로 한번 찾아볼 만한 영화를 한 편 소개할까 한다.

〈악마는 프라다를 입는다〉를 연출했던 데이빗 프랭클 감독의 2013년 영화 〈호프 스프링즈〉다. 도대체 언제부터 각방을 썼는지 기억도 못하는 결혼 32년 차의 섹스리스 부부. 아내 생일에 집안 가재도구를 선물하는 궁상맞은 남편. 어떻게든 남편의 관심을 끌어보려 하지만 뜻대로 되지 않는 청승맞은 아내. 그러던 어느 날 아내가 마침내 새로운 출발의 부푼 '희망'을 안고, 30여 년 만의 새로운 신혼을 맞이하기 위한 대반전의 계획을 세운다.

궁상 남편 아놀드 소아메스는 토미 리 존스가 맡았다. 혼자 구시렁거리기 좋아하는 그는 얼굴에 잔뜩 주름이 지고 아랫배가 불룩 나온 60세 중반이다. 그의 모습에서 〈맨인블랙 2〉로 재미를 선사했던 주인공 K나 〈도망자〉(1993)에서 리차드 킴블 박사(해리슨 포드)를 집요하게 쫓는 냉철한 민완형사 샘 제라드의 모습을 찾기는 쉽지 않다.

아놀드의 청승 아내 케이 소아메스는 메릴 스트립이다. 아놀드처럼 주름진 얼굴에 허리도 찾기 힘든 케이 여사의 모습에서 〈메디슨 카운티의 다리〉(1995)에 나왔던 애잔한 중년 부인 프란체스카는 없다. 〈악마는 프라다를 입는다〉(2006)에서 세련됨과 카리스마를 겸비한 그러나 악마 같은 잡지사 편집장 미란다를 상상하기도 쉽지 않다. 마가렛 대처 영국 수상의 다큐멘터리 영상인 줄 착각하게 만들었던 〈철의 여인〉(2012)은 말할 나위가 없다.

임상심리 전문가 버닌 펠드 박사 역을 맡은 스티브 카렐의 연기도 인상적이다. 그는 영화에서 '궁상+청승'으로 뭉친 이 부부를 치료하는 심리클리닉을 운영한다. 원래 코미디가 주 전공인 그는 여기서는 진지한 상담자로 변신했다. 현대판 '노아의 방주' 스토리를 다룬 〈에반 올마이티〉(2007)에서 노아에 해당하는 에반 역을 맡았던 스티브 카렐은 다른 두 배우와 함께 이 영화의 무게중심을 잡는다.

이제 우리나라에서 '힐링'이라는 단어는 외국어가 아니라 보편적인 외래어로 자리잡은 지 오래다. 사람들은 일상용어에 힐링이라는 단어를 접두사처럼 집어넣지 않으면 직성이 풀리지 않는 모양이다. 힐링캠프, 힐링여행, 힐링콘서트, 힐링푸드, 힐링뮤직, 힐링스테이, 힐링카페 등등.

이 힐링 대열의 최선봉에는 잘생긴 유학파 승려나 목사, 명문대학 교수, 인기 연예인과 정치인들이 서 있다. 물론 그들이 행하는 일시적 위안을 주는 가벼운 수필, 일방적인 주입식의 일회성 강연, '나를 한 번 따라 해 보라니까요' 식의 게릴라형 프로젝트가 전혀 효과가 없다는 말은 아니다. 다만 방향 없이 과장된 힐링 산업이 일부 인사들로 하여금 부지불식간에 자신들을 예수나 부처로 착각하거나 혹은 이들을 참칭하여 혹세무민하게 만드는 것은 아닌지 하는 노파심이 드는 건 사실이다.

'육체의 질병에만 주목하여 겉으로 드러난 증상만을 치료(cure)하려 들지 말고, 신체와 정신을 아우르는 우리의 몸 전체를 돌아보아 스스로 치유(heal)하게 하자.' 맞는 말이다. 하지만 비전문가의 일방적인 일회성 강연이나 일간지에 등장하는 '오늘의 운세'처럼 단편적인 위로성 문장 몇 줄로 답을 구할 수 있을까? 어림없는 소리다. 왜 우리 부부가 이런 궁상과 청승을 떨고 있는지 그 심층심리를 알아야 한다. 그런데 남편 아놀드는 자신이 무슨 문제가 있는지 모른다. 아니 자신이 문제가 있다는 사실조차 거부한다. 아내 케이는 문제가 있다는 사실만 인정할 뿐, 더 이상의 해법 모색을 위한 진전이 없다.

진정한 힐링이 되려면 우리가 겪는 고통의 근본적인 의미부터 찾아내야 한다. 그런 의미에서 이 영화 〈호프 스프링즈〉는 힐링 만연의 시대에 진정한 힐링을 찾기 위해서 우리가 어찌해야 하는지를 보여준다. 결국 기본으로 돌아가라는 말이다. 고통의 의미를 찾기 위해서는 '사이비 힐링'에 의존하지 말고 전문가를 찾아서 대화하고 소통해야만 한다. 근본적인 원인은 비전문가의 어설픈 충고로 찾아낼 수 없다. 사이비(似而非)라는 말은 얼핏 보기에 그럴싸하지만 진짜는 아니라는 말이다. 임상심리 전문가나 정신과 의사와의 심층적인 만남을 통해 고통의 근본 의미부터 찾아야 한다. 그러한 원인을 제공했던 불편한 진실과 마주해야 한다. 그 과정에서 일어나는 거부, 저항, 반동은 내담자가 전문가와 같이 풀어나갈 공동의 과제다.

모든 상담이 어찌 성공하겠는가마는 그래도 궁상 남편 아놀드와 청승 아내 케이는 우여곡절 끝에 이런 상담 과정을 무사히 마치고 새로운 인생을 시작한다. 별다른 플롯이 없이 스토리가 밋밋하게 전개되는데도 불구하고 뜻밖에 영화는 보는 재미가 쏠쏠하다. 주인공들이 겪는 고통의 의미가 국적과 세대를 넘어서 잔잔하게 전해져 온다. 그들이 겪는 고통이 전혀 생소한 남의 것이 아니라, 우리가 잘 아는 이웃 아저씨나 아주머니 혹은 할아버지나 할머니의 모습일 수 있다는 공감대가 생긴 때문일 것이다.

사족. 영화 제목은 아놀드와 케이 부부가 찾아가는 부부클리닉이 소재한 지역 이름에서 따왔다. 그 도시는 미국 북동부 뉴잉글랜드 메인 주에 있는 작은 해양도시 그레이트 호프 스프링즈다. 스프링즈라는 이름으로 보아 온천이 있는 모양이다. 스프링(spring)이라는 영어 단어가 '도약'의 뜻이 있고 '정력', '활력'의 뜻도 있으며 '샘'에서 기원한 '근본', '근원'이라는 뜻이 있다는 것을 감안하면 왜 영화 제목을 이렇게 정했는지 짐작이 간다. 치료를 받은 이 부부에게는 사라졌던 정력과 활력이 샘솟는다. 그들은 인생 제2의 도약기를 맞을 것이다. 스프링에는 잘 알다시피 '봄'이라는 뜻도 있다. 나는 봄이라는 뜻을 취했다. 이 영화를 코로나19로 우울한 시절에 '희망의 봄'을 기다리는 마음으로 추천한다.

당신은 개를 좋아하시나요?

반려견의 심리학

지난해 겨울 워싱턴 주 시애틀을 여행했을 때였다. 당시 도시 외곽에서 조용히 머물고 있었다. 원래 그곳은 겨울에 비가 자주 내리는 지역이다. 아내와 함께 이슬비 내리는 동네를 가볍게 산책하다 마을 이정표 기둥 곳곳에 잃어버린 개를 찾는 광고지를 발견했다. 사랑하는 반려견을 잃은 주인의 애틋한 마음이 그대로 전해졌다. 간절함이었다. 그 순간, 오래전의 에피소드가 떠올랐다. 대학 시절의 스페인어과를 담당했던 M교수가 그 주인공이다. 그는 당시 TV에서 유창한 발음으로 스페인어 회화를 강의하던 유명강사였다. 예능 프로그램에도 자주 출연해 빼어난 입담을 과시하던 원조 엔터테이너 교수이기도 했다.

그 M교수가 어느 날 자신의 애완견을 잃어버리는 사건이 발생했다. 마침 1년 후배가 M교수의 연구실 조교로 있었다. 그는 크게 상심한 지도교수의 하명을 받아 학교 근처 골목을 누비며 잃어버린 개를 찾는 포스트를 붙였다.

그런데 문제는 며칠이 지났는데도 개를 찾기는커녕 잃어버린 개에 대한 어떤 단서도 찾을 수 없었다는 것이다. 제보도 일절 없었다. 안 그래도 상심해 있던 M교수는 장탄식을 하다 못해 소리 내어 엉엉 울었다고 한다. 여러 날 여기저기 벽보를 붙이고 다니느라고 지친 후배는 안쓰러운 마음 이전에 살짝 심술딱지가 났다. "아니, 교수님! 그까짓 강아지가 뭐라고 그렇게 서럽게 우십니까? 새로 한 마리 사시면 되잖아요. 솔직히 저희 집안에서는 꼭 복날이 아니어도 개를 잡아 먹는 풍습이 지금도 있다니까요." 슬하에 자식이 없어서인지 반려견을 친자식처럼 아끼던 M교수에게 이보다 더한 모욕은 없었을 것이다. 그날 후배는 M교수에게 된통 혼쭐이 났다.

또 하나의 에피소드. 지인 K씨는 정통 관료 출신이다. 몇 년 전 모 부처 국장 시절의 일이다. 장관이 새로 부임을 했는데 내부 관료 출신이 아닌 외부인사였다고 한다. 부임하고 며칠이 지나 장관 결재를 받으러 갔다. 시간적인 여유가 있었던지 장관이 K국장에게 차 한잔 마시고 가라는 제안을 했다. 차를 마시며 담소를 나누는데 갑자기 장관이 물었다. "K국장! 개 좋아해요?" 업무와 관련한 이야기를 하다가 갑자기 개를 좋아하느냐는 질문에 K국장은 당혹했다. 장관의 의도가 반려견을 좋아하느냐는 것인지, 개고기를 먹는 습관이 있느냐는 것인지가 분명치 않았던 것이다. K국장은 장관이 평소에 음주를 즐긴다는 사실에 착안, 후자일 것이라고 넘겨짚었다. "네, 개고기 좋아합니다. 장관님!"

순간 장관의 낯이 흙빛으로 변했다. 아뿔싸! 잘못 짚은 것이다. 고향이 충청도인 K국장이 내게 물었다. "충청도 사람들은 개고기 좋아하느냐는 소리를 두 글자로 뭐라는 줄 알아?" 답을 몰라 잠시 머뭇거리는 내게 K국장은 말했다. "개 혀?" 그러고는 이렇게 너스레를 떤다. "난 장관께서 개를 좋아하는 게 아니라 '개를 하는' 줄 알았지 뭐야. 하하하!" 다행히 그 장관이 포용력이 있는 양반이라 그 후 별다른 일은 없었다고 한다.

지금은 사람의 인권이 존중받는 것처럼 동물도 최소한의 생존을 넘어 품격 있는 대우를 받아야 한다는 분위기가 지배적이다. 예전에는 애완동물(pet animal)이라고 불리더니 반려동물(companion animal)로 바뀐 지도 제법 오래되었다. 그중에서 개는 수만 년 장구한 세월 동안 인간과 함께 공생해 온 역사가 말해주듯, 인간에게 일생 동안 변함 없는 사랑과 순종을 보여주는 최고의 반려동물임에 틀림없다.

요즘에는 반려동물을 가족으로 생각하는 사람들이 늘어나

면서 '펫팸족'이라는 신조어까지 등장했다. 펫팸족은 영어단어 'pet'과 'family'의 합성어다. 펫팸족은 강아지를 사랑하는 내 새끼라고 부르고 자신을 강아지의 엄마나 아빠라고 지칭한다. 이렇듯 펫팸족임에 틀림없었을 예의 M교수와 장관에게 개고기 운운하는 후배 조교나 K국장 같은 사람은 분명 동료를 잡아먹는 식인종과 동급의 형편없는 부류로 보였을 것이다.

반려(伴侶)라는 말의 사전적인 의미는 '생각이나 행동을 함께 하는 짝이나 동무'이다. 그렇다면 개와 사람은 과연 서로 뜻이 통하고 행동을 함께할 수 있는 반려자들일까?

한 연구팀이 아프리카에서 19세에서 55세까지의 사람들을 A,B 두 그룹으로 나누어 사람과 동물의 관계를 알아보는 실험을 했다. A그룹은 자신의 반려견과 B그룹은 낯선 개들과 시간을 보냈다. 실험이 진행되는 동안 A,B 두 그룹 모두 개를 쓰다듬거나 나지막히 이야기를 나누었다. 중간중간 개와 사람의 혈압 및 혈중 호르몬 농도를 측정했다.

결과는 어땠을까? 두 그룹 모두 개와 사람 공히 혈압이 떨어졌다. 이것은 함께 시간을 보낸 개와 사람 모두가 스트레스가 줄어들고 기분이 좋아졌다는 것을 암시한다. 또한 페닐에틸아민(PEA)이라는 호르몬의 혈중 농도도 눈에 띄게 상승했다. PEA는 '행복의 호르몬', '사랑의 호르몬'으로 불리기도 한다. 개와 사람의 만남이 서로에게 행복한 감정을 선물한다는 말이다.

우리가 흔히 신혼 기간을 30개월 전후로 잡는 것은, 사랑의 호르몬인 PEA의 혈중 농도가 커플 사이에서 현저히 떨어지는 때가 대개 30개월 전후이기 때문이다. 그런데 개와 사람이 서로 쓰다듬고 얘기를 나누는 등 교감을 하는 것만으로도 PEA 수치가 올라간다면, 이론적으로 반려견을 키우는 커플들은 신혼 기간이 더 길어질 수 있다고 추론할 수 있다. 실제로 반려동물을 키우고 부부가 다 반려동물과 충분히 교감을 하고 있는 경우에 금슬이 얼마나 좋은지는 두고 볼 일이지만 말이다.

어쨌든 개와 사람이 훌륭한 반려관계라는 것은 경험적으로뿐만 아니라 실험적으로도 충분히 검증되었다고 볼 수 있다. 내가 아는 어떤 여자 선배는 남편이 정년 퇴직하고 난 뒤에 귀찮을 정도로 자신의 꽁무니만 따라 다녀서 적응이 잘 되지 않았다고 한다. 일본인들이 말하는 '젖은 낙엽'처럼 아내한테 딱 달라붙어서 좀처럼 떨어지려 하지 않았다는 것이다.

선배는 주위 친구들의 충고를 받아들여 반려견 한 마리를 가족으로 입양하기로 결정했다. 처음에는 "무슨 반려견이냐? 난 필요없다!"라며 반발하던 남편이 이제는 반려견과 둘도 없는 단짝이 되었단다. 선배는 말한다. "난 정말 너무 편해. 아 글쎄, 우리 애들 클 때도 한번 안아주지도 않던 인간이 24시간 개를 데리고 살면서 좋아 어쩔 줄 모른다니까. 이젠 날 쳐다보지도 않아. 덕분에 난 숨통이 트였어!"

연구에 의하면, 개는 처음에는 인간이 포획해 온 사냥감의 뼈 사이 고기를 처리하거나 인간의 잔반(殘飯)을 처리하는 등 사람들에게 반려동물이라기보다는 부수적인 동물에 불과했다고 한다. 그러다가 점차 위험한 상황을 미리 감지하고 인간에게 알려 주는 사전 경보 시스템으로서의 위상을 굳히면서 가축 중에서 최고 반열에 오르게 된 것이다. 개는 사람을 외모를 보고 판단하지도 않고 경력을 보고 판단하지도 않는다. 개는 사람을 어떤 조건을 보고 판단하지 않고 무조건적으로 친절을 베풀고 헌신한다.

이런 점에서 개는 인류 최고의 친구이자 반려자이다. 정신분석학의 창시자 프로이트는 심리치료를 할 때 자신의 애견 조피를 옆에 두는 것만으로도 치료에 도움이 된다는 것을 알았다. 조피를 늘 치료 현장에 동반했음은 말할 나위가 없다. 분석심리학자인 칼 융도 동물을 사랑하는 마음을 우리 마음의 가장 밑바닥의 원초적이고 순수한 원시적인 본능을 사랑하는 것에 비유하기도 했다.

> 동물들이 얼마나 정의롭고, 처신을 잘하며, 시간을 존중하는 마음이 얼마나 깊으며, 자신을 낳아준 땅에 충성하는 마음이 얼마나 크고, 익숙한 방식을 얼마나 강하게 고집하는지를 보라.

융의 동물에 대한 이 발언은 반려동물의 최고 모범인 개에게 가장 잘 맞는 말일 것이다. M교수가 결국 개를 찾았는지는 세월이 오래되어 기억이 나질 않는다. 사랑하는 반려견을 잃고 애타는 마음에 시 곳곳에 광고지를 붙이고 있는 어느 시애틀 시민이 꼭 반려견을 꼭 찾았기를 소망한다.

4장

'김지영'이 걸었던 길을
우리 딸들에게도 걷게 할 참인가?

혹시 내가 안희정, 오거돈의 공범은 아닐까?
아부의 심리학

 2018년 안희정 전 충남도지사(이하 '안희정')의 미투(me too) 사건이 터졌을 때 경악했다. 그가 앞날이 창창한 여권 내 유력한 차기 대권주자였다는 사실 때문이 아니었다. 미투 사건의 당사자인 안희정 수행비서가 여성이었다는 것을 그때 비로소 알았기 때문이다. 정책 담당 비서라면 몰라도 하필 수행비서가 여성이란 말인가.

 남성 상관의 수행비서가 여성이 되지 말라는 법은 없다. 그 반대도 마찬가지다. 그렇지만 광역자치단체 수장인 도지사는 자신의 관할인 도내의 각종 행사는 물론이고 수도 서울을 비롯한 타 지방이나 해외로 공식 출장을 다니는 일이 많다. 이때 수행비서는 도지사를 24시간 그림자처럼 밀착 수행하는 분신 노릇을 해야 한다. 관공서냐 기업체냐를 떠나서 수직적인 상명하복의 위계질서가 뚜렷한 한국의 유교적 문화풍토에서 남성 도지사와 여성 수행비서의 조합은 매우 엉뚱하고 어색한 조합이 아닐 수 없다. 굳이 관청이 아니고 일반 기업체라고 해도 상황은 마찬가지다. 안희정 사건이 터졌을 당시, 어떤 지자체의 고위 공무원들을 대상으로 심리학 특강을 할 기회가 있었다.

그때 이렇게 말한 적이 있다. "안희정 씨가 수행비서로 여성을 임명한 것은 명백히 잘못입니다. 그런데 이를 지켜본 부지사 이하 고위 공무원들이 이를 말리지 않은 심리는 뭘까요? 선거캠프에서 그를 도왔던 유력인사나 후원회장 같은 이들조차 이를 말리지 않고 뭘 하고 있었을까요?" 그들은 침묵으로 대답을 대신했다. 다 알면서 새삼스레 왜 묻고 있냐는 뜻이었을까.

이런 의문이 든 것은 오거돈 전 부산시장(이하 '오거돈')의 미투 사건을 보면서도 마찬가지였다. 오거돈의 사퇴 배경에도 20대 여성 보좌관의 미투 폭로가 있었기 때문이다. 그는 기자회견장에서 이렇게 말했다. "한 여성 공무원과 5분 정도 짧은 면담 중 불필요한 신체 접촉이 있었고, 그것이 강제 추행이 될 수 있음을 깨달았다." 이게 사과인가? 그의 성인지 감수성은 제로에 가깝다. 무개념과 몰염치의 극치가 아닐 수 없다.

과거 대학총장 시절부터 있었던 수많은 의혹이 불거져 나오고 있는 것으로 보아 오거돈은 상습범이다. 그중에서 그가 부하 직원들과 회식을 하는 모습을 담은 사진 한 장은 그의 평소 행태를 상징적으로 보여준다. 각각 8명씩 앉게 되어 있는 식당 테이블의 좌석 배치는 이렇다. 오거돈 좌우에 젊은 여성 3명이 나란히 앉아 있고, 맞은편에도 여성이 앉아 있다. 그는 오롯이 젊은 여성들에게 둘러싸여 있었다. 그 자리는 2019년 11월 부산시청 산하 사업소 용역노동자들과 가진 회식 자리였다고 한다. 개념 없는 오거돈은 이 사진을 자신의 트위터에까지 올렸던 모양이다. 이와 관련, 당시 모 신문에서는 "젊은 여성이 지위가 높은 중·장년 남성 옆에 앉아 있는 모습. 남성 중심의 회식 문화에서 자행되는 너무나 익숙한 풍경이다."라고 지적한 바 있다.

누가 오거돈이 앉은 헤드 테이블의 자리 배치를 저렇게 했을까. 시장 비서실에서 했을까. 아니면 산하 사업소 관계자가 했을까. 그도 저도 아니면 본인이 직접 지시했을까. 아마도 오거돈 성향(?)을 파악한 시장 비서실과 산하 사업소 관계자가 공모했을 것이다. 통탄할 일이다.

"아부꾼은 리더가 만드는 것이다."라는 말이 있다. 이름을 밝힐 수 없는 어떤 대기업의 A회장과 B회장은 이렇게 말했다고 한다. "나는 능력 있는 부하 필요 없어. 내게 충성하는 부하가 더 좋아!" 두 사람이 매우 사적인 자리에서 자신의 절친한 동기들에게 각각 털어놓은 속내를 직접 전해 들었다. 신문지상에 이름이 오르내리는 불량기업도 아니고, 탄탄한 재무구조에 오너 이미지도 좋은 굴지의 대기업 회장들이 한 말이다. 사전에 입을 맞추기라도 한 듯 똑같은 생각을 하고 있다는 것이 놀라울 따름이다.

다른 사람에게서 인정받고 싶어 하는 욕망, 빈말일지언정 칭찬받고 싶은 마음은 인간의 본능이다. 그 본능은 아랫사람뿐만 아니라 윗사람도 똑같이 갖고 있다. 아들이 아버지에게 인정받고 싶어 하듯 아버지도 아들에게 인정받고 싶어 한다. 신하가 왕에게 인정받고 싶은 만큼 왕도 신하에게 인정받고 싶어 한다. 며느리가 시어머니에게 인정받고 싶은 만큼 시어머니도 며느리에게 인정받고 싶은 것이다.

아부는 이러한 공동의 이해관계를 바탕으로 하는 윗사람과 아랫사람 사이를 교묘하게 비집고 들어온다. 어두운 동굴에 슬며시 들어와 똬리를 트는 뱀처럼 말이다. '불편한 진실'을 듣고 싶지 않은 윗사람과 '달콤한 거짓'으로 이익을 얻고 싶어 하는 아랫사람은 누가 먼저랄 것도 없이 서로 협작하여 절묘한 '부당거래'의 계약서에 사인을 한다.

이렇게 서로의 환심을 사고 나면 윗사람은 귀에 거슬리는 직언, 충언 때문에 심리적 스트레스를 받을 일이 없어진다. 아랫사람도 눈에 보이지 않는 윗사람의 신뢰를 바탕으로 오래잖아 연봉 인상과 같은 경제적 이익이나 승진과 같은 사회적 지위 상승이라는 과실을 챙길 것이다. 대의명분, 사회정의를 빼고 나면 정말로 서로에게 도움이 되는 윈-윈의 상생관계가 아닐 수 없다. 윗사람이 인재를 등용하기 위해서는 '현명한 사람을 알아보고〔賢賢〕 간사한 사람은 분별하여〔奸奸〕 걸러내는 지인(知人)의 능력이 필요하다.'고 한다.

『논어를 읽으면 사람이 보인다』의 저자 이한우 논어등반학교장은 공자의 이론을 바탕으로 사람을 알아보는 과정을 다음 세 단계로 나눈다. 먼저 그 사람이 겉으로 드러내는 말과 행동을 잘 들여다보는 시(視) 단계다. 두 번째는 그 사람이 어떤 행동을 했을 때 어떤 이유에서 그렇게 하는지 깊이 들여다보는 관(觀) 단계다. 마지막이 그 사람의 행동이나 말이 왜 그런지를 알게 됐다면 한 걸음 더 나아가 그조차 우러나서 한 것인지 아닌지를 꿰뚫어 보는 찰(察) 단계다.

아랫사람의 촉수는 극도로 민감하다. 리더가 이러한 지인(知人)의 능력이 없다고 판단하거나 혹은 지인의 과정을 무시하거나 게을리한다고 판단하는 순간 그들은 회심의 미소를 짓는다. 단언컨대 그 조직은 타고난 아부꾼들로 들끓게 될 것이다. 철학자 프랜시스 베이컨은 아부꾼을 다음의 네 가지로 나눈다.

먼저 통상적인 아부꾼이다. 어떤 상황에도 늘 똑같은 방식으로 아부하는 사람들이다. 그들은 모든 사람들에게 통하는 두루뭉술한 아부를 한다. 두 번째는 지능적인 아부꾼이다. 그들은 상대방의 최대 장점을 최대한 칭찬하는 작전을 구사한다. 자신이 최고라고 생각하는 사람들에게 떠받들듯이 감탄하는 아부꾼이다. 세 번째는 물정 모르는 아부꾼이다. 지능적인 아부꾼과 달리 이들은 상대방의 최대 약점을 하늘 높이 띄워 준다. 문제는 이런 아부는 실패할 위험도 다분하다는 것이다. 마지막으로 무림고수급 아부꾼이다. 이들은 앞에서 소개한 모든 형태의 아부를 자유자재로 구사하는, 아부가 자아로 체현된 고수이다. 한마디로 타고난 아부꾼이다.

수행비서를 여성으로 임명하여 지인(知人)의 능력이 있는지 의심스러운 안희정, 여성 보좌관을 은밀하게 집무실로 혹은 자동차로 불러 추행을 하고도 그게 성추행인지 몰랐다는 오거돈. 두 사람은 분명히 아부꾼을 만드는 리더임에 틀림없다. 그렇다고 지사가 수행비서를 여성으로 임명해도 침묵했던 참모들은 면책의 권리가 있을까? 시장 주위를 젊은 여성으로 둘러싸게 좌석을 배치해도 팔짱을 끼고 있었던 부하직원들은 면죄부를 받을 수 있을까? 법에 문외한이지만 형법 30조 정도는 들어 본 적이 있다. 제30조(공동정범)의 조문은 이렇다. "2인 이상이 공동하여 죄를 범한 때에는 각자를 그 죄의 정범으로 처벌한다."

어떤 사람이 물건을 훔치기 위해 직접 타인의 집 문을 부수고 들어가거나 자물쇠를 따고 들어간다면 그는 당연히 절도범이다. 또한 그 옆에서 망을 봐 준 사람 또한 공동정범이다. 공동정범

(共同正犯)은 쉽게 말해서 '정식으로 공범'이라는 소리다. 잘 알다시피 침묵은 동조의 다른 이름이다. 선후배 동료들이 윗사람에게 아부를 하기 위해 여성을 수행비서를 임명하는 것이 부당하다고 여겼지만 침묵한 사람, 회사 수장이 나타나면 여직원들을 옆에 앉히는 것이 부당한 줄 알면서도 모르쇠로 일관한 사람 역시 종범(從犯)이 아니라 주범(主犯)이라는 소리다.

자, 우리는 여기서 냉정하게 스스로를 돌아볼 필요가 있을 것 같다. 혹시 내가 평소 무림고수급 아부꾼은 아닐지 몰라도 지능적인 아부꾼은 아닌지 혹시 내가 일상적으로 벌어지고 있는 제2, 제3의 안희정이나 오거돈 사건의 공범은 아닌지 말이다.

'김지영'이 걸었던 길을
우리 딸들에게도 걷게 할 참인가?

영화 〈82년생 김지영〉에 대한 씁쓸한 감상

2019년 10월에 개봉했던 영화 〈82년생 김지영〉은 그리 잘 만든 영화라 할 순 없다. 예술적 완성도가 높다고 볼 수 없기 때문이다. 마치 다큐멘터리 영화를 배우들이 다시 재연한 느낌이다. 그럼에도 불구하고 개봉 당시에 300만이 넘는 관객이 이 영화를 찾은 까닭은 무엇일까. 영화는 제목 그대로 82년생 김지영이란 주인공이 한 사람의 여성으로서 가정과 직장에서, 그러니까 우리 사회에서 겪는 일상의 애환을 그린다.

감독은 급변하는 시대가 우리 정서에 세대별로 어떻게 다른 파장을 그리고 있는지를 알고 싶었던 것 같다. 그러므로 이 영화에 대해 말하려는 사람은 우선 자기 나이부터 밝혀야 한다. 나는 60년대 중반에 태어나 80년대 전두환 정권 시절에 대학을 다닌 전형적인 586이다. 동갑내기 아내와 90년대에 태어난 아들과 딸이 있다.

 영화를 보면서 아내는 연신 손수건으로 눈물을 훔쳤다. 영화에서 그녀는 자신이 살아온 시대를 보고 그것에 감정이입을 했던 모양이다. 친구들과 영화를 봤다는 대학생 딸도 상영시간 내내 펑펑 울었다고 했다. 영화 속 사건들이 자신이 살고 있는 현재 혹은 앞으로 살아갈 미래에 그대로 재현될지 모른다는 두려움 때문이었을까.

 나 역시 가끔씩 코끝이 찡해지고 살짝 눈물이 맺히는 걸 감출 수 없었다. 아직 영화를 보지 못한 군복무 중인 아들이 나중에 뭐라 평할지 궁금하다. 여동생과는 또 다른 평가가 나오지 싶다. 80 평생을 유교적 이데올로기 속에서 한국적 어머니로서 굳건히 살아오신 우리 엄마는 영화의 내용을 이해는 하시겠지만 내심으로는 '우리 시절에 저 정도는 약과였다.'며 대수롭지 않게 넘기실지도 모른다.

 영화 속의 에피소드들은 그 이전 세대들에게는 말할 것도 없고 70년대나 80년대에 청소년기를 보낸 우리 세대에게는 '평범한' 일상이었다. 지방 소도시에 살던 우리 가족도 예외는 아니었다. 60대에 접어든 누나는 '여학생을 혼자 서울로 유학 보낼 수 없다.'는 부모님의 고집을 꺾지 못한 채 서울이 아닌 지방대학에 진학했다. 아내는 80년대 후반에 교사가 되었는데, 출근을

2019년 10월에 개봉한 영화 〈82년생 김지영〉은 제목 그대로 82년생 김지영이란 여성이 가정과 직장에서 겪게 되는 이중삼중의 차별과 그 애환을 다큐멘터리처럼 풀어내고 있다. 300만 이상의 관객을 끌어모으면서 우리 사회에 남녀 차별에 대한 페미니즘적 문제의식을 던진 작품이기도 하다.

하려고 택시를 잡으면 택시기사가 "아침부터 재수 없게 안경 쓴 여자가 마수걸이를 하려 든다."라는 조롱 섞인 폭언에 승차거부까지 당하기 일쑤였다.

　더 황당한 일도 있었다. 어느 날 출근 시간에 쫓겨 남성들만 합승한 승용차를 추월했더니, 그들이 보복 운전으로 학교까지 쫓아와 학교장에게까지 항의하는 어처구니없는 일까지 벌어진 것이다. 가관이었던 것은 그들이 다른 학교에 근무하는 동료 교사들이었다는 것이다. 더욱 기가 찰 노릇인 건 그런 그들의 행태를 교장이나 교감 선생이 나무라지는 못할망정 오히려 같은 남성들인 그들의 역성을 들었다는 데 있다.

　이렇게 말하면 페미니스트들이 지금도 별다르지 않다고 말할지 모르겠지만, 당시와 지금과는 비교하기 힘들다. 그때는 지독한 '야만의 시대'였고 심각할 정도로 '마초들의 전성시대'였다. 세상이 바뀌었다지만 남녀평등이라는 이슈는 여전히 부글부글 끓는 활화산이다. 왜 그럴까?

　진화심리학자들은 이렇게 말한다. 원시시대 때부터 우리 조상들은 남자는 '사냥'에 최적화되었고 여자는 '채집과 양육'에 최적화된 상태로 수만 년 이상을 살아왔다고. 그런 경험은 지금도 우리 인류의 몸과 마음에 DNA처럼 새겨져 있다. 남자들은 그냥 열심히 사냥터(직장)에 가서 사냥감을 잡아 집으로 돌아오면 그뿐이었다. 남성들이 가져온 포획물과 여성들이 채집해온 과일 열매를 다듬고 분배하는 일은 여성들의 몫이었다. 어린아이를 양육하는 일도 오롯이 여성들의 몫이었다. 이런 현상은 불과 몇십 년 전까지는 지구상에 일어나는 보편적인 현상이라고 해도 과언이 아닙니다.

사냥은 알다시피 육체노동이다. 평균적으로 여성들보다 더 큰 덩치와 강한 체력을 가진 남성들에게 제격이다. 당연히 수렵시대에는 남자가 주인공일 수밖에 없었다. 농경, 목축시대에도 사정은 비슷했다. 그러나 세월이 흘렀다. 기계문명이 발달하고 정신노동이 더 큰 힘을 발휘하는 시대가 되었고, 여성들의 사회참여도 크게 늘었다. 사냥이 남성 전유물이었던 시대가 막을 내린 것이다. 여성도 사냥터에 나아가 남성과 같이 경쟁하며 사냥감을 포획하는 시대가 된 것이다. 반대로 남성들도 '어쩔 수 없이' 채집과 양육에 참여해야만 하는 시대가 되었다.

어쩔 수 없다고? 물론이다. 사냥에 최적화되어 있는 남성들이 자신들의 육체적, 정신적 DNA 어디에도 프로그래밍되어 있지 않은 채집과 양육을 강요받는 초유의 시대를 살고 있다. 이를 두고 학자들은 '파더쇼크(Father Shock)'라고 한다.

파더쇼크가 있는데 '마더쇼크(Mother Shock)'가 없을 리 없다. 채집과 양육에 최적화되어 있는 여성들도 난데없이 사냥을 강요받는 세상에 살게 되었다. 문제는 원시시대 이래로 세상은 여전히 남성우위의 시대라는 점이다. 그런 불평등이 여전한 세상에서 팔자에 없는 사냥까지 강요받으면서도, 한편으로 기존에 해오던 채집과 양육의 부담이 사라지거나 경감된 것도 아니라는 데 여성 문제의 심각성이 있다. 더구나 채집과 양육에 대한 사회적 평가나 정책적 보상이 제대로 이루어진다는 건 아득한 꿈이다. 그럼에도 여성들로 하여금 강력한 모성본능을 유감없이 발휘해 주기를 강요하는 이 시대에 엄마로 산다는 것은 엄청난 충격이다. 우리 시대 여성들은 마더쇼크에 빠져 허우적거리는 비극적인 운명을 사는 시지프스와 같은 존재들이다.

영화 속 김지영처럼 여성들은 가정에서 자랄 때부터 남아선호사상에 의해 차별을 받고, 직장에서는 진급에 차별을 받는다. 육아 문제로 직장을 그만두고 잠시 공원에 나와 쉬고 있어도 언어폭격을 받는다. '나도 저 여자처럼 남편이 벌어다 주는 돈 펑펑 쓰며 편안히 애나 키웠으면 좋겠다.'라는 씁쓸한 독백도 예사롭지 않은 시대다. 남자들과 함께 사냥터에 나가도 문제, 양육에만 집중해도 문제가 되는 곤혹스러운 세상이다. 영화〈82년생 김지영〉은 이렇게 정상적인 상황에서는 감내하기 힘든 이중 삼중의 고통에 시달리는 주인공의 멘탈이 붕괴되어 '빙의' 현상까지 보이고 급기야 정신과 상담을 받게 되는 것으로 묘사한다.

이런 문제는 김지영과 같은 80년대생은 물론이고 취업을 목전에 둔 젊은 세대에게 더욱 절실하게 다가온다. 과거 586세대들은 대체로 대학 졸업장만 있으면 쉽게 취업을 하곤 했다. 당시 국제 경제가 그만큼 호황이었고 우리나라가 그 혜택을 고스란히 받고 있었기에 가능한 일이었다. 하지만 지금은 사정이 전혀 다르다. 최고 명문 서울대를 나온 졸업생조차도 취업을 보장받기 힘들다. 남자 입장에서는 예전에는 남성들끼리 사냥에 집중하고 선의의 경쟁을 하면 그뿐이었는데, 이제는 사냥터를 두고 여성들과도 무한경쟁을 해야 한다고 볼멘소리를 하는 상황이다. 물론 여자 입장에서는 더욱 기가 찰 노릇이겠지만 말이다.

한때 『화성에서 온 남자 금성에서 온 여자』라는 책이 유행한 적이 있다. 지금도 남녀의 차이를 논할 때면 사람들은 어김없이 이 책의 제목을 들먹거리곤 한다. 그만큼 남녀 간의 차이가 특징적으로 구별된다는 얘기일 것이다. 요즘 뇌과학의 연구 결과도 이를 뒷받침하곤 한다. 남녀는 외형적 생식기만 다른 게 아니라 내부 염색체, 호르몬, 사유구조 등 심신 양면으로 메꾸기 힘든 간극이 존재한다는 것을 입증하고 있다.

그렇다고 해서 이런 차이가 남녀 간의 갈등을 불가피한 것으로 본다거나 남녀차별을 합리화하는 증거가 될 수는 없다. 특히 남성들은 아직도 남녀차별이 공존하는 상황에서, 여성들이 마치 자신의 기득권을 침해한다는 식의 시대착오적 사고를 해서는 곤란하다. 정치경제적 상황이 많이 불안정하고 우리 미래가 험난할지라도 남녀는 선의의 '전략적 동반자'라는 사실을 인정할 필요가 있다. 이러한 지극히 상식적이고 당위적인 사실을 망각한다면 그 어떤 남녀문제의 논의도 허망한 탁상공론에 머무르고 말 것이다.

우리 할머니, 우리 엄마 그리고 우리가 걸어왔다고 우리의 누이, 우리의 딸, 우리의 손녀에게 82년생 김지영이 걸어간 길을 또다시 걷게 할 수는 없지 않은가.

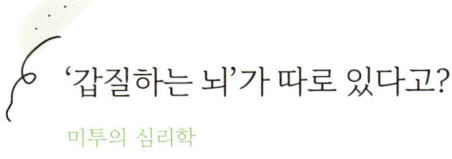

'갑질하는 뇌'가 따로 있다고?
미투의 심리학

시인 최영미는 1994년에 낸 첫 시집 『서른 잔치는 끝났다』가 대형 베스트셀러가 되면서 유명해졌다. 2017년 그녀가 발표한 시 중에 〈괴물〉이라는 시가 있다.

> En 선생 옆에 앉지 말라고/ 문단 초년생인 내게 K 시인이 충고했다/ 젊은 여자만 보면 만지거든/ K의 충고를 깜박 잊고 En 선생 옆에 앉았다가/ Me too/ 동생에게 빌린 실크 정장 상의가 구겨졌다

그녀가 시 후반부에서 성추행을 일삼은 추한 '괴물'이라고 지목한 이는 노벨문학상 후보에 오르내리던 시인 고 모 씨였다. 그는 문단권력을 뒤에서 틀어쥐고 대문호 행세를 해왔다. 그러다가 그의 기행과 추행 이력이 표면화되면서 하루아침에 나락으

로 떨어진 신세가 되었다. 그렇다고 고 씨를 고발한 최영미 시인을 바라보는 세간의 눈초리가 고운 것만은 아니다.

어떤 갈등 상황이 발생했을 때 만일 자신이 제3자이고 그 사건을 정확하게 객관적으로 바라보고 판단할 의사나 능력이 없다면 사건 자체에 대해서 언급을 말아야 한다. 하지만 세상 사람들은 이렇게 반응하지 않는다. 깊이 생각하지도 않고 일방을 역성들면서 다른 한쪽을 별다른 합리적 근거 없이 매도하거나 비난한다. 아니면 "쟤들 왜 싸우고 그래?" 하면서 양시양비론으로 사건 자체를 대충 뭉개버리려 한다. 사건의 당사자로서는 억울하고 분통 터질 노릇이 아닐 수 없다.

더구나 상대가 고 씨처럼 문단권력의 한 축으로 막강한 영향력을 행사하는 경우라면 사람들의 비겁함은 더 심해지고 판단은 더 편파적으로 흐를 가능성이 높다. '저 사람 뭔가 바라는 게 있어서 저러는 거 아냐?' 하면서 심지어 '꽃뱀'으로 매도하는 경우도 있다. 그나마 최영미 시인은 베스트셀러 시인으로서 나름대로 자신의 억울함을 호소할 통로와 힘을 가진 편이어서, 이 정도라도 자기 목소리를 낼 수 있었을 것이다. 그렇지만 그녀가 막강한 문단권력의 최고 상층부에 해당하는 고 씨를 향해 저항하겠다는 결심을 하기까지는 큰 용기가 필요했을 것이다.

이 대목에서 '미투의 심리학'에 대해 이야기해 보려고 한다. 알다시피 미투운동(Me Too Movement)은 사회적 약자인 여성이나 아동들이 자신이 당한 억울한 일을 사회적으로 호소하는 것과 그런 호소를 돕는 행동을 통틀어 일컫는 말이다.

그런데 사람들이 흔히 착각하는 게 있다. 미투운동을 '성(性)의 문제'로만 한정해서 바라본다는 것이다. 사실 미투는 '권력의 문제'를 다룬다. 얼핏 성의 문제로 보일지 몰라도 근본적으로는 권력을 가진 갑(甲)이 그렇지 못한 을(乙)을 대상으로 심리적, 물리적으로 위해를 가하는 행위가 본질이다. '권력형 성범죄'라는 말이 그마나 미투의 본질에 가장 가까운 표현이라 할 수 있다.

이 말은 가해자가 여성일 수도 있다는 말이다. 다만 인류 사회가 대체로 남성이 기득권을 가진 권력집단인 데다가 신체적인 측면에서도 평균적으로 남성보다 체격, 체력이 떨어지는 여성이 아무래도 피해자가 되는 경우가 많기 때문에 성적인 문제로 착각하기 쉽다는 소리다. 사람뿐만 아니라 영장류의 경우에도 '성적 강제(Sexual coercion)'는 수컷에 의해서 저질러지는 경우가 훨씬 많다고 한다.

그렇다면 고 씨 같은 괴물이 왜 만들어지는 것일까? 만일 어떤 사람이 사회적인 성공을 통해 높은 성취를 이루었다고 치자. 그 성취는 정치적 권력일 수도 있고 사회적 명성일 수도 있고 또 경제적 재원일 수도 있다. 사회적 성취를 이루는 과정에서 이들의 성공 경험은 그들로 하여금 자신감을 고취시키고 추진력을 배가시킨다.

'승자의 곡선' 이론을 주창한 신경심리학자 한스-게오르크 호이겔에 따르면, 이렇게 지속적인 성공 경험을 한 사람들은 테스토스테론과 세로토닌의 혈중농도가 일반인들에 비해 많이 높아진다. 남성호르몬으로 불리는 테스토스테론은 여성의 몸속에도 있지만 남성이 훨씬 수치가 높다. 테스토스테론은 지배욕, 공격욕, 성욕을 고양시키는 호르몬이다.

사람들은 물론이고 영장류를 상대로 한 연구를 살펴보면, 테스토스테론 수치가 높은 경우에 사회적 서열이 높고, 공격적이며, 성적 접촉이 늘어나는 데 비해 '사회적 지능'이 현저하게 떨어지는 것으로 나타났다. 이 과정에서 행복감과 안정감을 주는 세로토닌이 과도해지면서 자기중심적 사고를 부채질한다. 쉽게 말하면 사회적으로 성공하면 그 성공에 취해서 공감 능력이 떨어지고 모든 것을 자기중심으로만 보려 한다는 것이다. 이런 것을 '승자의 뇌'라고 부르는데, 나는 그걸 쉽게 '갑(甲)의 뇌'라고 부른다.

그런데 모든 사람이 갑의 위치에 오래 있다고 해서 갑질을 하지 않듯이 승자의 뇌, 즉 '갑의 뇌'가 전부 '갑질의 뇌'로 바뀌는 것은 아니다. 최영미 시인이 말한 괴물을 나는 갑질의 뇌라 부른다. 갑질의 뇌는 승자의 뇌보다 훨씬 극단적이다. 괴물들은 따로 있다. 그들은 사람을 사람으로서가 아니라 하나의 '물건'으로만 인식하는 경향이 뚜렷하다. 일부 상류층 인사 중에서 막말과 폭언을 일삼고 주위 사람을 비인격적으로 대하는 경우가 여기에 속한다.

사람을 사람으로 보지 않는데 '공감' 운운할 여지도 없다. 기내에서 라면을 잘못 끓여왔다며 승무원을 폭행한 포스코 상무, 승무원이 견과류를 접시에 담아오지 않았다고 멀쩡하게 잘 가는 비행기를 되돌린 항공사 오너 가족의 '땅콩 회항' 사건이 다 이런 사례다. 후배 연예인이나 부하 여직원을 오로지 자신의 성적 욕구를 만족시키는 '노리개' 정도로 인식하는 것도 사회적 지능이 현저히 떨어진 갑질의 뇌에 대한 대표적 사례다. 고용 승계가 되지 않은 것에 항의하는 화물차 운전기사를 "한 대 맞는데 1백만 원이다."라며 야구 방망이로 무차별 구타한 한 재벌 2세의 경우는 말할 나위도 없다. 스탠턴 새미로는 그의 저서 『범죄심리의 내면』에서 이렇게 말한다.

> 그들은 하나같이 세상을 장기판으로 생각한다. 세상 사람들을 자기 의지대로 밀어젖혀도 되는 장기판의 졸(卒)로 본다. 믿음, 사랑, 성실, 팀워크 같은 것은 그들의 삶의 방식에는 아예 존재하지 않는다.

사회적으로 성공을 거두고도 인간적 본능과 본성을 잘 관리하고 수양에 힘써 품격 있는 모습을 보이는 이들도 꽤 많다. 그들은 크고 작은 일을 가리지 않고 노블리스 오블리주를 실천하며 모범적으로 살아간다. '미꾸라지 한 마리가 물을 흐리는' 격으로 일부 갑질의 뇌를 소유한 이들이 더 이상 우리 사회에 발을 붙이지 못하게 해야 한다. 그런데 말처럼 그리 쉬운 일은 아닌 듯하다.

계획하지 않은 임신, 계획된 살인

낙태의 심리학

지인 W씨는 1990년대 한국 H자동차의 중국 서부 총책임자였다. 가족들과 함께 임지에 도착했을 때 그에게 주어진 숙소는 호텔이었다. 쓰촨성의 수도 충칭시에 있는 한 5성급 호텔의 스위트룸을 개조한 방이었다. 그때만 해도 지방은 치안이 불안하고 외국인의 안전을 보장하기 어려웠기 때문에 회사 측은 물론 공안당국에서도 이런 방식을 권했다고 한다. 어느 휴일 W씨가 가족들을 데리고 충칭 시내 한 재래시장에 쇼핑을 하러 갔다. 당시에는 대형 마켓이 없었기 때문에 식자재 등을 사려면 재래시장을 갈 수밖에 없었다.

한창 쇼핑을 하고 있는데, 갓 초등학교 들어간 아들 A군의 얼굴이 사색이 되면서 별안간 울음을 터뜨렸다. 갓 도살되어 선홍색 핏물이 뚝뚝 떨어지는 돼지가 실눈을 뜨고 슬며시 A군을 노려보고 있었던 것이다. 사건 이후 A군은 사춘기를 지나기까지 돼지고기라면 진저리를 쳤다고 한다. 직접 도축 현장에 있었던 것도 아니었지만 그날 A군이 목격한 돼지의 사체는 살인 현장을 목격한 것에 견줄 정도의 큰 트라우마를 야기했던 것이다.

영화 〈언플랜드(Unplanned)〉는 미국 최대의 낙태 클리닉을 운영하는 가족계획연맹(PPFA)에서 일했던 주인공 애비 존슨(애슐리 브래처 분)의 실화를 바탕으로 한다. 심리학 전공의 대학생 애비는 우연히 PPFA의 자원봉사를 권유받았다가 졸업 후 그곳에 눌러앉았다. 8년 동안 상담사로 일한 후 능력을 인정받은 애비는 이 클리닉의 최연소 소장이 된다. 그러다가 운명의 날이 닥친다. 새로 부임한 의사의 초음파를 이용한 낙태수술에 동참하게 된 것이다. 그녀는 임신 13주가 된 태아를 유도시술로 낙태하는 모습을 처음으로 목도한다. 태아는 수정 후 3주가 되면 이미 심장 박동을 시작한다. 6주 차에 얼굴 부분과 손발의 모양이 구분되고 9주 차가 되면 사람의 모습이 뚜렷해진다.

그녀는 수술 현장에서 초음파 유도 시술이 시작되자 자궁 안으로 들어온 수술기구를 피하려는 듯 움찔거리다가 점프까지 하는 태아의 움직임에 눈이 휘둥그레진다. 태아는 끝내 기구에 의해 산 채로 조각조각 잘린다. 선혈이 낭자한 태아의 조각들은 자궁을 빠져나와 미리 준비된 통으로 빠르게 흡입되었다. 그 광

영화 〈언플랜드〉는 미국 최대의 낙태 클리닉을 운영하는 가족계획연맹(PPFA)에서 일했던 주인공 애비 존슨(애슐리 브래처 분)의 실화를 바탕으로 만들어진 작품이다. 영화 속 애비가 우연한 기회에 낙태수술 현장을 목격하면서 큰 충격을 받게 된 이후 낙태를 반대하는 운동의 최전선으로 달려가는 모습을 그리고 있다.

경에 애비는 경악했다. 평소 상담을 진행하면서 자신이 상습적으로 거짓말을 일삼았음을 알게 된 것이다. "수술할 때 태아는 고통을 느끼지 못하나요?" 상담 받으러 온 여성들의 가장 흔한 질문이었다. 지나온 8년간 대답은 한결같았다. "임신 28주 전에는 태아의 감각이 아직 발달하지 않아서 고통을 느끼지 못해요. 안심하세요!"

마른 하늘에 치는 날벼락이 따로 없었다. 애비는 방금 보았던 태아의 모습이 13주밖에 안 된 태아의 행동이라고 믿을 수 없었다. 그녀가 받은 충격은 컸고 상처는 깊었다. 그녀는 방금 살인 현장을 목격한 것이다. 결과적으로 그녀는 낙태 상담을 받으러 온 임신부들에게 살인을 권고하고 있었던 셈이 아닌가.

사실 참혹한 살인 사건이나 화재, 자살 사고 현장을 자주 목격하는 경찰이나 소방공무원들은 정신질환 고위험군으로 분류된다. 몇 해 전 경찰청 조사에 의하면 강력사건 현장에 출동하는 경찰 중 8할은 각종 불안장애, 우울증 등 외상 후 스트레스 장애(PTSD)로 고생한다고 한다. 동물 사체를 처음 본 B군이나 태아가 산 채로 참혹하게 잘려 나가는 현장에 있었던 애비가 심리적 내상을 입었을 거라는 것은 넉넉히 짐작할 수 있다. 상담 전문가를 자처하면서 필수적인 팩트 체크 한 번 하지 못한 것도 '뼈를 때리는' 실수였다. 그에 대한 자책도 컸을 것이다.

'8년의 신념을 뒤흔든 10분, 닫힌 문 너머의 진실을 마주하다.' 영화 〈언플랜드〉의 한국 버전 홍보 포스트의 카피는 이런 상황을 잘 말해준다. 미국의 카피는 이렇다. '그녀가 본 것이 모든 것을 바꿔버렸다!(What she saw changed everything)' 정말로 사건 이후 애비의 인생은 바뀌었다. 이후 그녀는 낙태를 반대하는 운동의 최전선으로 달려갔다. 태아도 한 사람의 독립된 인격체처럼 대우해야 하는 소중한 생명이라는 자각도 하게 되었다. 일은 순조롭지 않았다. 이미 낙태 시술은 전 세계적으로 거의 보편적이라고 할 만큼 널리 시행되고 있었기 때문이다. 이것이 애비만의 고민일까?

멀리 갈 것도 없이 우리나라만 해도 1962년도부터 '가족계획'이라는 이름으로 강력한 산아제한 정책을 시행해 왔다. 구호만 봐도 알 수 있다. 출산율이 5명을 넘던 1960년대에는 '덮어놓고 낳다 보면 거지꼴을 못 면한다.' 70년대는 '딸 아들 구별 말고 둘만 낳아 잘 기르자.' 80년대는 '잘 키운 딸 하나, 열 아들 부럽지 않다.' 출산율이 급전직하한 2000년도에는 구호도 급변했다. '아빠, 혼자는 싫어요. 엄마, 저도 동생을 갖고 싶어요.'

문제는 이 과정에서 '임신중절'이란 이름의 낙태수술이 광범위하게 행해졌다는 것이다. 현재 대한민국에서 하루 3천 명, 1년 110만 명이 낙태수술을 받고 있다고 한다. OECD 국가 중 최고의 낙태왕국(?)이다. 이 말은 뒤집어 말하면 낙태수술을 반대하기가 그만큼 어렵다는 얘기이기도 하다. 낙태를 범법행위로 규정하는 순간 자의든 타의든 낙태 경험이 있는 수많은 우리의 할머니, 어머니, 이모, 고모, 누이, 조카가 한순간에 전과자로 낙인찍힐 수도 있기 때문이다.

동물의 세계에서 남의 새끼를 죽이는 '영아살해(infanticide)'는 매우 흔하다. 아프리카 사자의 경우, 어느 정도 자라면 바로 무리를 떠난다. 무리에서 독립한 수컷 사자의 목적은 오직 하나다. 다른 무리를 습격하여 다른 수컷을 내쫓고 암컷을 차지하는 것이다. 그다음 수컷들은 무리 안에 남은 새끼들을 무자비하게 죽여버린다. 어미 사자들이 아무리 발버둥쳐도 소용없다. 이런 일은 보기보다 흔하게 일어난다. 인도의 랑구르 원숭이 종족을 위시해 곰, 돌고래, 쥐, 새들의 세계에서도 영아살해는 일어난다.

그런데 뜻밖에도 인간의 세계에서도 제 손으로 제 자식을 죽이는 일이 흔하다. 이런 일은 모든 문화권에서 일어난다. 동물처럼 남의 새끼도 아닌 제 자식을 죽이는 것은 무슨 까닭일까? 『이웃집 살인마: 진화심리학으로 파헤친 인간의 살인 본성』의 저자 데이비드 버스의 말을 빌려 정리해보자.

> 소름 끼치는 일이기는 하지만, 자식 살해를 선호하도록 진화의 압력이 가해진 적어도 세 가지 기본적인 상황들이 존재한다. 첫 번째는 아이가 심각한 선천적인 결함을 타고났거나 아프거나 장애를 안

고 있을 때이다. 두 번째는 이미 자식이 많아서 새로운 아이에게 투자하는 것이 다른 자식들을 키우는 데 너무 큰 부담이 되는 상황이다. 세 번째는 아이 엄마가 아직 미혼인데다가 아이를 키우는 걸 기꺼이 돕겠다고 약속한 남자도 없는 경우이다. 가장 도발적이면서도 현대 사회에서는 거의 이해 불가능한 또 다른 동기는 아이의 존재가 여성이 장기적인 배우자를 찾는 데 방해가 되는 경우이다.

인류의 영아살해 동기를 살펴보면 낙태, 즉 '태아살해(feticide)'의 동기도 이와 별반 다르지 않다는 것을 알 수 있다. 영아살해가 모든 문화권에서 일어나고 이면의 사정이 딱하다고 해서 그 행위를 용서받을 수 없는 것처럼 태아살해 역시 마찬가지일 것이다. 자신의 아이가 기형아이거나 장애인이라고 해서 부모가 자식을 죽이는 일이 있을 수 없는 것처럼, 아무리 계획에 없던 임신이라고 해서 계획적으로 태아를 없앨 수는 없는 노릇이다. 아직 독립적으로 생존할 수 없는 영아를 죽이는 것이 살인인 것처럼, 버젓이 인간의 형상을 갖추고 심장이 뛰는 소중한 생명체인 태아를 죽이는 것도 재론의 여지 없는 살인이 아니겠는가.

성폭력에 의한 임신을 거론하는 이도 있다. 그것은 전체 임신의 0.3%~0.9%에 해당하는 예외적인 경우이므로 따로 다루면 될 일이다. 낙태를 덮어놓고 무조건 금지하자는 것이 아니라는 말이다. 얼굴과 손발이 구체적으로 형성되는 6주 이내에서만 허용한다는 등의 방향으로-이 또한 논란의 여지가 많겠지만- 불가피한 예외를 두는 것도 한 방안이 될 것이다.

어떤 이들은 낙태 반대가 여성의 자기결정권을 침해하는 것이라고 한다. 특히 임신이 남녀 모두의 문제인데 왜 출산의 책임은 여자만 져야 하느냐고 따지면서, 명백히 남녀 성차별을 존속시키려는 거대한 음모라고 목소리를 높이는 이들도 있다. 틀린 말은 아니다. 그렇지만 소중한 태아의 생명을 여성의 프라이버시와 동일한 차원에서 다룰 수는 없는 노릇 아닌가.

분명히 임신과 출산은 남녀 공히 책임이 있다. 제도적으로 임신과 출산, 육아가 남녀 공동의 일임을 명백히 하는 법률 및 정책이 확립되어 성차별 운운하는 소리가 나오지 않도록 우리 사회가 정신을 바짝 차리지 않으면 안 될 것 같다. 영화 〈언플랜드〉에서 주인공 애비는 우리에게 이렇게 묻고 있는 것 같다.

불안전한 우리가 인생을 살아가면서 어떻게 모든 것을 계획한 대로 완벽하게 살 수가 있겠습니까? 임신도 계획에 없이 이루어질 수 있습니다. 하지만 '계획하지 않은 임신'이었다고 해도 그로 인해 생긴 생명체를 낙태라는 이름으로 죽이는 것은 명백히 '계획된 살인' 아닐까요?

류호정의 원피스와 스티브 잡스의 청바지
의상의 심리학

정의당 비례대표 의원으로 21대 국회에 최연소로 입성한 류호정 의원(이하 '류호정'). 그녀는 1992년생으로 2021년 12월 기준으로는 만 29세다. 최연소 국회의원 기록 보유자는 김영삼(1927~2015) 전 대통령이다. 그는 1954년 제3대 국회에서 만 25세의 나이로 당선되었는데, 이 기록은 아직도 깨지지 않고 있다.

헌정 사상 최연소 여성 국회의원이라는 점 이외에는 존재감이 없었던 무명의 류호정이 21대 국회 첫날부터 화끈하게 자신의 존재를 알리는 초대형 사고를 쳤다. 물방울 무늬의 분홍색 원피스에 노란색 마스크를 끼고 개원식에 참석한 것이다. 누가 봐도 눈에 확 띄는 복장이었다. 왜 '사고'라는 표현을 사용하느냐고 마뜩잖아 할 사람도 있을 것이다. 그 이야기는 좀 있다 하기로 하자. 류호정은 한 언론과의 인터뷰에서 이렇게 말했다.

50대 중년 남성 중심의 국회라고 하는데, 검은색이나 어두운 색 정장과 넥타이로 상징되는 측면, 그런 관행들을 좀 깨보고 싶었다. 사실 국회의 권위라는 것이 양복으로부터 세워진다고 생각하지는 않는다. 시민들을 위해 일할 때 비로소 세워질 수 있을 거라고 생각한다. 관행이라는 것도 시대 흐름에 따라 변하는 것이다. 저는 일 잘할 수 있는 복장을 입고 출근했다고 생각한다.

류호정은 자기 주장이 확실한 젊은 세대답다. 자신이 원색적인 원피스를 입고 온 이유를 에두르지 않고 직설적으로 밝힌다. '중년 남성 중심의 국회 관행'을 깨보겠다는 페미니스트적인 주장이 그 하나이다. '일 잘할 수 있는 복장'을 입겠다는 실용주의적인 목적이 또 다른 하나이다. 류호정의 이런 행동과 주장은 나름대로 일리가 있어 사람들의 호응을 얻었다. 물론 이에 대해 비판적인 시각도 적지 않은 것 또한 사실이다.

인류 역사가 시작된 이래로 옷이 가지는 기능과 그것의 상징적 의미는 크다. 잘 알다시피 옷은 추위와 더위로부터 우리를 보호해주는 가장 기본적인 기능을 가지고 있다. '제2의 피부'라는 표현이 이러한 옷의 개인적인 차원에서의 보호기능을 잘 표현한다. 그뿐일까? 옷은 '제 2의 자아'이기도 하다. 사람들은 옷을 통해서 예의를 지킬 뿐만 아니라 자신의 종교, 혈통, 가치관을 표현해 왔다. 자신의 계급과 지위를 표현하는 방식도 옷을 통해서 하는 경우가 많다. 이처럼 옷은 시간과 장소 그리고 상황이 다를지 몰라도 자신의 고유한 세 가지 기능인 보호, 예의 지키기, 자기표현을 언제나 충실하게 구현해 왔다.

2000년대 초 한때 개량한복 바지를 즐겨 입은 적이 있다. 개량한복은 일단 바지통이 넓어서 여름에 시원하고 겨울에 따뜻하다. 보호 기능에 충실하다는 의미다. 아주 공식적인 자리를 빼고는 일상적인 생활복으로서 예의를 지키는 데도 크게 문제가 없다. 문제는 표현의 기능이다. 일반적으로 개량한복은 실용성에만 편중되어 디자인이 세련되지 못하다. 심하게 말하면 옛날 머슴 옷처럼 보인다. 어쨌거나 편해서 입고 다녔는데 아내는 촌스러운 머슴 같은 사회적 신호를 전달하는 행위가 달갑지 않았던 모양이다. 그렇게 개량한복 바지는 일상에서 사라졌다.

옷을 입으면 반드시 사회적 신호를 전달하게 된다.

심리학자 데즈먼드 모리스의 말이다. 그는 복장이 우리 몸의 언어와 같다고 단정한다. "우리는 처음부터 끝까지 무의식중에 그런 그래프를 그리고 있으며, 온갖 만남 속에서 다른 사람의 옷이 전달하는 많은 신호를 자기도 모르게 읽어낸다. 그렇게 해서 복장은 제스처, 표정, 자세와 마찬가지로 인간의 신체언어의 한 부분이 되는 것이다."

예컨대, 오늘날에도 명망 높은 안동의 종갓집에서는 종손이 제사를 지낼 때 아무 옷이나 함부로 입지 않는다. 반드시 목욕재계하고 정해진 복장으로 의관을 정제한 다음 제례를 주관한다. 많이 느슨해졌다고는 하지만 지금도 우리는 결혼식장에 갈 때 반드시 정장에 가까운 단정한 옷차림을 한다. 장례식장에 갈 때도 밝은 색은 피하고 가능한 어두운 계통의 옷을 입지 않는가? 또 남성의 경우 넥타이는 가능한 검정색 넥타이를 착용하는 게 상식이다.

경조사에서만 이렇게 옷을 입는 규칙과 에티켓이 존재하는 것은 아니다. 우리는 의식적이든 무의식적이든 TPO, 즉 시간(Time)과 장소(Place), 상황(Occasion)에 따라 적절하게 옷차림을 바꾸는 데 익숙하다. 여름날 동네 친구들과 치맥 한잔하러 마실을 갈 때에는 반바지에 라운드 티를 입어도 무방하다.

하지만 취업준비생으로서 기업체 면접을 하러 갈 때면 누가 시키지 않아도 단정하게 이발을 하고 신사복 정장에 넥타이를 매고 갈 것이다. 한여름 해운대 해수욕장에서는 아찔할 정도로 몸매가 다 드러나는 비키니를 입던 여성도 그런 정도의 노출 수위로 평일 낮 명동거리를 활보하지는 않는다.

만 29세라는 나이를 고려해볼 때 류호정이 비례대표로 국회의원이 되지 않았다면 취업준비생 신세였을 가능성도 충분히 있다. 만일 그녀가 면접관 앞에 나간다면 국회 개원식 때 입었던 것과 동일한 복장으로 나갔을까? 아닐 거라고 생각한다. 우리나라보다 더 개방적인 미국 청년들의 경우는 어떨까. 평소에는 히피족처럼 긴 곱슬머리에 수염을 덥수룩하게 기른 채 기괴한 무늬의 상의에 찢어진 청바지를 입고 다니며 자유분방해 보이던 젊은 친구들. 그들도 월스트리트의 금융권 면접일에는 신사복 정장에 깔끔하게 면도한 모습으로 나간다.

한편 많은 사람들이 류호정 복장을 두고 2003년 국회의원 선서식에 참석한 유시민 당시 의원(이하 '유시민')을 떠올린 사람이 많았을 것이다. 그날 유시민은 신사복 차림의 정장이 아니라 흰색 면바지에 라운드 티와 캐주얼한 마이를 걸치고 나왔다. 머리도 짧게 친 자유로운 모습이었다. 이른바 유시민의 '빽바지 사건'이다. 2020년 류호정의 옷을 두고도 말이 많은데, 18년 전이었으니 오죽했으랴. 국회가 발칵 뒤집혔다. 끝내 유시민은 그날 선서를 할 수 없었다. 그다음 날 정장으로 갈아입고 선서를 해야만 했다. 왜 그랬을까? 유시민의 말을 직접 들어보자. "제가 약간 삐딱해요. 짙은 색 정장으로 거의 다 남자들인 국회에 넥타이 매고 다니면서 하는 짓들은 엉망이죠. 그래서 캐주얼 정장을 입지 뭐, 그렇게 생각했어요."

류호정도 유시민을 의식했다는 말을 숨기지 않았다고 한다.

아니나 다를까 2003년도 유시민의 발언이나 2020년도 류호정의 발언은 빼다 박았다. 그런데 사람들은 유시민의 2003년 국회의원 개원식 선서 사건의 빽바지만 기억하지 몇 년 후인 2006년 보건복지부 장관 청문회에 나왔을 때의 유시민 모습과 대비해 기억하지는 못하는 것 같다. 나는 장관 후보자 시절의 유시민 모습을 생생하게 기억하고 있다. 일단 후보자로 내정되었을 때의 유시민 모습은 개성이 뚜렷한 예전의 유시민이 아니었다. 빽바지 사건의 주인공은 사라지고 없었다. 청문회장에 나온 유시민은 마치 영화 속에 나오는 정보기관 요원이나 경호원 같은 모습이었다. 2대 8로 단정하게 갈라 무스를 바른 헤어 스타일에 황금색 테를 두른 금속 안경까지 쓰고 나온 것이다. 마치 조선시대 임금으로부터 판서 벼슬을 제수받고 "성은이 망극하옵니다." 하며 바짝 엎드린 시골 선비의 모습을 연상시켰던 건 나만의 생각이었을까.

류호정은 자신의 복장을 언급하면서 한복을 언급하기도 했다. 한복 하면 떠오르는 국회의원은 한복 두루마기에 수염을 기르고 고무신을 신고 다녔던 강기갑 의원(이하 '강기갑')이고, 강기갑 하면 사람들은 소위 '공중부양사건'을 떠올릴 것이다. 2009년 1월 미디어법 개정을 앞두고 여야가 첨예하게 대립하던 시절 강기갑은 국회 사무총장실을 난입했다. 그러고는 예의 두루마기 차림으로 총장실 탁자 위에서 길길이 날뛰었다. 그날의 사건은 많은 국민들에게 '진보=폭력'이라는 이미지를 씌운 패착이었다. 문제는 한복과 고무신의 이미지마저도 좋지 않게 만들 수도 있는 사건이었다는 점이다. 카톨릭 수도회의 수도자였다는 사실을 의심하게 만든 강기갑의 폭력이 문제였지 한복이 공중부양과 무슨 관련이 있으며 한복이 폭력과 무슨 관련이 있단 말인가. 빽바지 사건과 공중부양 사건의 주인공들은 그때 일을 후회하지 않을까? 유시민은 이렇게 말한다. "내가 삐딱이 기질이 있어서 괜히 그렇게 했습니다. 다른 걸로 해도 되는데. 지금은 후회합니다." 강기갑의 말도 비슷하다. "17·18대 국회 폭력은 강기갑이가 원조였던 거 같습니다. 국회에서 벌어진 폭력은 국민에게 엄청난 혐오감을 줬습니다. 거기에 2등 가라고 하면 서러울 정도로 가장 큰 책임자가 저였습니다. 지혜롭지 못했다는 생각입니다."

다소 의외이긴 하지만 유시민과 강기갑 두 사람 다 과거 자신의 행동을 반성하고 있다. 언론 보도를 통해 그들이 문제의 본질이 아니라 형식에 집착했던 과거 자신들의 객기 어린 행동을 반성하는 것을 보면서 새삼 그들의 나이를 생각했다. 환갑을 넘긴 유시민, 70이 다 되어가는 강기갑.

20대에 국회의원이 된 류호정. 1인 방송의 진행자이기도 했던 그녀는 영리하다. 자신이 어떤 옷을 입고 어떤 색 마스크를 쓰고 나오면 기자들의 카메라 세례를 받는지 잘 안다. 분홍색과 노란색의 보색 대비도 탁월한 선택이었다. 유호정은 나이에 걸맞지 않게 노련한 이미지메이킹 전략을 세웠고, 그렇게 사고를 치겠다는 그녀의 전략은 주효했다. 마치 지난날의 유시민과 강기갑이 그랬던 것처럼 말이다. 애플 창업자 스티브 잡스는 대중 앞에 나설 때에는 반드시 검정색 티와 청바지를 입고 나왔다. 그것은 그의 트레이드마크였다. 하지만 스티브가 창업주이자 동시에 CEO였기에 가능한 일이었다. 우리나라 그 어느 누구도 대기업 회장 앞에서 혹은 장관 앞에서 스티브와 같은 복장으로 브리핑을 할 순 없다.

또한 그것이 본질도 아니다. 스티브 잡스에 대한 평가는 그의 복장 스타일이나 멋진 브리핑 스타일에서 나오는 게 아니다. 아이폰과 아이패드라는 시대를 앞서가는 새로운 IT기기를 만드는 선구적인 혜안과 능력에서 나온다. 마치 옛날 국산 자동차 불모지였던 우리나라에서 '포니'라는 자동차를 만들며 자동차 국산화의 신기원을 만들었던 '포니정' 정세영 회장에 대한 평가가 그의 밑단이 해진 바지와 뒷굽이 닳은 구두를 즐겨 신었던 검소함에서 나오지 않는 것처럼 말이다.

류호정이 그냥 유시민이나 강기갑처럼 본질이 아닌 형식에 얽매이다가 나중에 후회하는 정치인으로 남기를 바라지 않는다. 대한민국에서 국회의원만큼 선망의 대상이자 중차대한 직무를

애플 창업자 스티브 잡스는 대중 앞에 나설 때
반드시 검정색 티와 청바지를 입고 나왔다. 그것은
그의 트레이드마크였다. 스티브가 창업주이자
동시에 CEO였기에 가능한 일이었다. 우리나라 그
어느 누구도 대기업 회장 앞에서 혹은 장관 앞에서
스티브와 같은 복장으로 브리핑을 할 순 없다.

가진 직업도 없다. 반대로 국민에게 위임받은 막강한 권력에 비해서 아무것도 책임지는 일도 없고 큰소리만 칠 수 있는, 둘째가라면 서러울 정도로 세상 편한 직업이기도 하다. 그러하기에 국민들로부터 극한의 불신을 받는 직업이기도 하다.

  류호정이 본연의 직무에 충실한 국회의원이 되어 주기를 바란다. 국회의원이어야만 비로소 가능한 객기 어린 행동을 하다가 나중에 후회하지 않았으면 좋겠다. 앞서 말한 것처럼 인류학적으로나 심리학적으로 옷이 가진 기능과 상징적 의미는 결코 작지 않다. 그렇지만 국회의원의 직무를 놓고 말할 때에는 직무가 본질이지 복장이 본질은 아니다.

  류호정이 사고를 치더라도 엉뚱하게 비본질적이고 형식적인 복장과 같은 문제가 아니었으면 한다. 국회의원의 본질인 의정 활동을 통해 입법 행위라는 본질적인 문제를 가지고 '제대로 된 사고'를 쳐달라는 것이다. 류호정 의원에게 주문하는 바람은 아마도 많은 사람들이 21대 국회의원 전원에게 바라는 간절함일 수도 있다.

혐오는 무조건 나쁜 감정일까?
전염병과 혐오의 심리학

 코로나19 팬데믹으로 전 세계가 벌집을 쑤셔 놓은 듯하더니 '위드 코로나(With Corona)'라는 말이 현실화되고 있는 것 같다. 몇 년 전 중동 코로나 바이러스인 메르스가 한창일 때 명동에 직장이 있는 한 지인에게서 들은 이야기다. 그는 당시 강의 전문 연구소의 스케쥴이 줄줄이 취소되면서 개점휴업 상태에 놓였다고 했다. 그래도 그게 생업인지라 그는 어쩔 수 없이 매일 출근했다고 한다.

 하루는 점심을 먹으러 나갔는데 많은 사람들로 북적대던 명동 번화가에 개미새끼 한 마리 얼씬거리지 않았다. 명동 일대를 관할하던 조폭 행동대원처럼 보이는 사람들만 군데군데 건물 근처를 배회하는 게 전부였다고 한다. 그런데 그가 들어가려는 어느 식당 앞에 이른바 '어깨'들이 진을 치고 있는 게 아닌가.

잠시 움찔했던 그는 순간 기지를 발휘했다. 그들 앞에서 기침을 콜록콜록 해댄 것이다. 깜짝 놀란 어깨들이 황급히 자리를 떴음은 물론이다.

그 시절엔 퇴근길 지하철이나 만원버스에서 기침을 하면 마치 모세가 두 손을 번쩍 들었을 때 홍해가 둘로 쫘악 갈라졌던 것처럼 승객들이 순식간에 좌우로 나뉘는 기적(?)이 심심찮게 일어났다. 요즘도 만원 지하철에서 기침을 몇 번 했더니 옆자리 사람들이 자리를 뜨는 바람에 널널(?)하게 왔다는 사람이 꽤 있다. 알다시피 가족들이나 친구들끼리 식사하는 자리에서도 재채기나 기침을 하여 침이 아주 살짝만 음식에 튀어도 그 음식에 손이 가지 않는다. 대학생인 딸은 식구들이 같이 둘러앉아 먹는 찌개에 국자를 사용하지 않고 각자의 숟가락이 들락거리는 것에 질색을 한다.

우리는 왜 이런 반응을 보이는 걸까? 심리학 연구에 의하면 사람들은 날 때부터 감염의 위험이 있어 보이는 것, 즉 '병원체'를 피하려는 본능이 있다. 그 병원체는 사물이나 동물일 수도 있고 사람일 수도 있다. 혹은 사람의 어떤 행동일 수도 있다.

예를 들어 사람들은 너나없이 똥을 싫어한다. 오죽하면 특정 상황을 피하지 못했을 때 "똥 밟았다!"라고 하겠는가? 소변과 달리 대변에는 병원체인 각종 세균들이 득실거리기 때문이다.

유감스럽게도 악취 나는 노숙자를 피하는 것이나 병원체를 옮길 수도 있는 쥐나 박쥐를 보고 질겁하는 것도 마찬가지다.

사람들의 침이나 기침, 재채기 소리는 물론이고 종기가 터졌을 때 나오는 고름 같은 신체적인 증상도 혐오의 대상이다. 생물학적 혐오는 도덕적 혐오로 확대되어 나타나기도 한다. 동물과의 성교(獸姦)나 동성애자들의 항문성교 등 도덕적 규범을 위반하는 특이한 사회적 행동도 역겨움, 즉 혐오를 유발한다. 사람들은 문화적인 규범에 위반되는 그런 행동들이 대개는 병원체를 옮기는 원인이 된다고 직관적으로 판단하기 때문이다.

이러한 행동의 이면에는 오랫동안 인류를 괴롭혀온 전염병의 어두운 역사가 똬리를 틀고 있다. 6세기 중반 히말라야 산맥 기슭에 살고 있었던 것으로 추정되는 병원체들이 인도와 이집트를 거쳐 동로마제국의 수도 콘스탄티노플을 덮쳤다. 당시 황제의 이름을 따서 '유스티니아누스 역병'으로 불리는 이 전염병은 수도 인구의 40%를 집어삼켰다. 제국 전체로 보면 2,000만 명이 훨씬 넘는 생명을 앗아갔다. 14세기 유라시아와 아프리카에서는 흑사병으로 인구 절반이 사라졌다. 16세기 유럽인들이 아메리카 대륙으로 건너갈 때 천연두, 홍역, 장티푸스도 함께 데려갔다. 이로 인해 멕시코 인구의 8할이 사라졌다. 20세기 초에는 스페인 독감으로 전 세계에서 5,000만~1억 명의 생명이 희생되었다.

육지나 뱃길밖에 없던 시절에도 이랬거늘, 비행기가 지구촌을 24시간 안에 연결시키는 항공시대는 전염병의 전파 속도가 폭발적으로 증가하기 마련이다. 실크로드로 상징되는 육로와 대항해시대의 뱃길에서 이제는 항공시대로 접어들었다. 교류와 소통은 사람들에 유익한 각종 물자와 지식, 인적 교류에만 일어나는 게 아니다. 제국주의적 침탈과 병원체의 습격도 바로 그와 똑같은 경로를 따라 일어난다. 우리는 역설적으로 초고속으로 확산되는 전염병의 글로벌 시대를 살고 있는 것이다.

이렇게 반복되는 무섭고 안타까운 역사가 병원체에 대한 회피 행동과 혐오 감정을 만들어냈을 것이다. 진화심리학자 데이비드 버스에 따르면 병원체에 대한 혐오는 단순히 병원체를 피하는 행동뿐만 아니라 더욱 광범위하게 사람들의 심리와 행동 전반에 영향을 미친다. 예컨대 전염병이 창궐하게 되면 사람들은 실제 전염병에 걸린 사람들에 대한 편견이 심해진다. 설상가상으로 전염병과 무관한 신체장애자, 노인, 뚱뚱한 사람도 전염병 환자처럼 취급하는 편견과 낙인찍기도 횡행한다.

특히 임산부를 비롯해 자신이 감염에 취약하다고 느끼는 사람들은 '외국인에 대한 편견과 혐오'가 유의미하게 높아진다. 일단 외국인들은 외모부터가 자국인과 다르다. 역사적으로도 이방인들은 풍토병에만 익숙해져 있던 자국인들에게 이국의 병원체를 퍼뜨려 목숨을 앗아간 적이 많았기 때문에 사람들은 외국인에 대해 더욱 민감해진다.

전염병이 창궐하는 시기에 사람들이 불안해하면서 외국인에 대해 혐오를 보이는 것은 어쩌면 당연한 '자기보호' 본능의 발현이라 해도 과언이 아니다. 고상한 코스모폴리탄적인 긍휼함과 인도주의에 사로잡혀 병원체에 감염되기보다 일단 외국인은 피하고 보자는 혐오 감정은 생존 차원에서 보면 훨씬 유리하다는 점을 우리 무의식은 잘 알고 있는 것이다. 그렇다고 외국인 혐오를 비롯한 각종 혐오 감정이 정당하다는 뜻은 절대로 아니다.

사람들이 안전이나 생명에 위협을 받을 때 극도로 민감해지고 불안해지고 이성적인 판단 자체가 어려워지는 게 인간의 솔직한 본성이라는 말을 하고 싶은 것이다. 오래전 전북 부안에 방사성 폐기물 처리장을 짓겠다고 했을 때 부안 시민들이 1년 가까이 극렬하게 저항하여 끝내 처리장 건립이 불발이 된 것이나 사드 배치를 반대하는 경북 성주 시민들 소리가 여전한 것도 대표적인 사례가 될 것이다.

우리의 뇌는 크게 세 부분으로 나누어 설명할 수 있다. 시각, 청각, 후각, 촉각 등 각종 정보를 주로 처리하는 뒤쪽 뇌, 이성적 사고와 판단을 관장하는 앞쪽 뇌(전두엽) 그리고 각종 감정을 처리하는 감정 뇌(변연계)로 나눈다. 문제는 어떤 문제로 불안과 공포가 엄습해오면 우리 몸은 감정 뇌가 주도권을 잡게 된다는 것이다.

이때 전두엽은 잠시 '쿠데타'에 의해 실각한 정권 수뇌부 신세가 된다. 만물의 영장으로서의 고고한 모습은 종적을 감춘다. 이에 따라 합리적 사고와 판단은 사라진다. 대신 불안과 공포를 담당하는 변연계의 편도체가 주도권을 잡는다. 이 쿠데타 세력은 마치 굶주리고 화가 잔뜩 난 침팬지 같다. 우리 뇌에서는 앞쪽 뇌가 조금이라도 틈을 보이면 호시탐탐 기회를 노리던 감정 뇌가 즉각 쿠데타를 일으켰다가 실각하기를 반복한다.

천만다행인 것은 감정 뇌가 영구집권은 하지 못한다는 것이다. 반란군, 즉 허기지고 성난 침팬지를 일단 요기부터 시켜주고 화를 가라앉힐 수 있도록 살살 달래야 한다. 반란군을 영원히 소탕하는 것은 불가능하다. 배고프고 화가 난 침팬지에게 먹이를 주기는커녕 "혐오 감정은 나쁘다. 선진국민답지 못하다." 운운하며 잔뜩 합리적, 이성적 근거를 들이대며 열변을 토해본들 무슨 소용이 있겠는가.

유능한 심리전문가나 정신과 의사는 불안과 두려움에 휩싸인 환자를 대할 때 심리상태에 대한 진단과 그에 따른 향후 진료대책을 세운다. 무엇보다 합리적 설명을 앞세우지 않고 그들의 아픔에 대한 경청과 위로에서 시작한다. 정책도 마찬가지다. 사람들이 헛소문에 흔들리고, 유언비어에 현혹되며, 가짜 뉴스를 양산한다며 섣부른 판단을 내세우면 혼란은 더욱 가중되기 마련이다.

정부가 가장 먼저 해야 할 일은 국민의 안전과 생존을 최우선한다는 신뢰 확보다. 우리는 늘 그것을 소망한다. 정부는 제발 기억하라. 우리가 고고한 만물의 영장이지만, 때로는 허기져 울부짖는 성난 침팬지로 돌변할 수도 있다는 점을 말이다. 불안에 떨고 있는 국민들의 편도체부터 달래고 진정시킨 뒤 냉철한 전두엽이 이성적 판단을 회복할 수 있게 도와주는 따뜻하고 섬세한 배려가 그 무엇보다 중요하다는 것을 알았으면 좋겠다.

막장에서 스러진 이들을 위한 꽃과 노래
삼탄아트마인에서 옛날 광부들과 반 고흐를 생각하다

강원도로 여행을 훌쩍 떠난 적이 있다. 길에서 만난 소금강은 마지막 남은 자신의 온몸을 불태워서라도 온 산을 물들이는 단풍들로 늦가을의 절정을 이루고 있었다. 왜 '작은 금강산'이라는 뜻의 소금강(小金剛)이란 이름을 얻었는지 알 것 같았다. 당시 강원도 여정 중의 하나로 잡은 곳이 정선에 자리한 '삼탄아트마인(Samtan Art Mine)'이다.

'폐쇄된 탄광, 문을 닫은 공장과 발전소, 오래된 기차역…' 이런 말을 들었을 때 산업혁명이니 노동이니 소외니 하는 사회과학적인 용어를 넘어 그 이상의 정서적인 울림을 느끼는 사람은 그래도 문화예술을 사랑하는 사람이리라. 또 이런 단어에서 오르세 미술관, 테이트 모던 갤러리, 졸버 레인 박물관, 북경798 예술지구나 삼탄아트마인, 서울역284, 당인리 문화예술파크라는 말을 연상하는 사람은 세계적 트렌드의 하나인 유휴시설을 재활용한 복합문화공간에 관심이 많은 사람일 것이다. 파리의 오르세 미술관은 옛날 기차역이었다. 서울역284는 오르세를 벤치마킹한 것이다. 당인리파크의 모델인 런던의 테이트 모던 갤러리는 발전소였다. 삼탄아트마인의 모델은 독일 에센 지역의 졸버레인 박물관이다. 삼탄아트마인은 2001년에 폐쇄된 삼척탄광을 리모델링해 만든 복합문화공간이다.

 탄광의 종합 사무동으로 사용하던 4층짜리 건물이 삼탄아트센터로 바뀌었다. 공간 내부에는 현대미술관, 삼탄역사박물관, 삼탄뮤지엄, 세계미술품 수장고, 기획전시실 등이 있다. 창작자들을 위한 작업공간과 레지던스 룸도 있는데, 이 룸은 외부인도 사용할 수 있다고 한다. 야외공간에는 글라스 하우스, 동굴 속의 와인 저장고, 원시미술 박물관 등이 있다. 그중에 가장 중요한 시설은 역시 조차장(操車場)이다. 조차장의 핵심시설은 수직갱이라고 불리는 53미터 높이의 철탑이다. 이 조차장에서 4분마다 20톤의 석탄을 끌어 올렸고, 한 번에 400명 광부들을 지하 채탄 현장으로 실어 날랐다고 한다. 일행은 아트센터 내부의 각종 시설과 갤러리를 둘러보고 조차장에 들어섰다.
 내부는 으스스했다. 늦가을에서 초겨울로 이어지는 차가운 날씨 때문만은 아니었다. 금방이라도 굉음을 내며 움직일 것 같은 수직갱과 강철 로프 그리고 컨베이어들. 녹슨 탄차(炭車)는 폐허 속에서 을씨년스러웠다. 위층에서 계단을 따라 아래로 내려오니 지하 갱도에서 지상으로 석탄을 실어 나르는 광차(鑛車) 레일이 깔린 조차장 바닥이 드러났다. 그때 이름 모를 커다란 붉은 꽃 세 송이가 시야에 들어왔다. 코끝이 찡해지고 가슴 한 곳이 시려졌다. 저 빨간 꽃처럼 지하 수십 미터 갱도의 막다른 끝에서 인생의 마지막 힘을 불사르고 갔을 막장인생. 그들의 애절함을 이 폐쇄된 삼척탄좌의 갱도 입구에서 느낀다.

스피커에서 흘러나오는 애처롭기 그지없는 '글루미 선데이(Gloomy Sunday)'의 선율에 그만 울컥 하고 말았다. 어떤 예술가가 만들어서 가져다 놓았을 모란인지 작약인지 모를 저 붉은 꽃은 단순한 조화(造花)가 아니었다. 그 꽃은 동생이나 자식들의 학비를 대기 위해 석탄 분진 휘날리는 갱도 끝 막장에서 목숨을 걸고 등골이 휘어지도록 일하다가 스러져간 광부들의 영전에 바치는 조화(弔花)였다. 당연하게도 조차장 스피커에서 흘러나오던 '글루미 선데이'는 그들의 영혼을 달래는 레퀴엠, 즉 진혼곡이었을 것이다. 조차장 레일 위에 핀 세 송이 빨간 꽃과 그 위에 흐르던 선율의 기묘한 조합이 이렇게 사람의 마음을 흔들어 놓을 줄 몰랐다.

마음의 갈피를 잡을 수 없었다. 아픈 몸과 마음을 부여잡고 스러져간 광부들의 서글픈 운명. 차마 그 광경을 정면으로 바

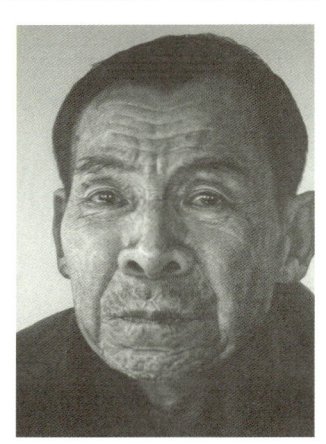

정선에 자리한 삼탄 아트마인은 2001년에 폐쇄된 삼척탄광을 리모델링해
만든 복합문화공간으로서 독일 에센 지역의 졸버레인 박물관을 벤치마킹했다.
이곳에는 수많은 탄광노동자의 청춘과 열정을 기억하는 흔적들이 남아 있으며
막장 인생들의 아픈 영혼들이 문화예술의 꽃으로 부활하기를 소망하는 작품들이
전시되어 있다. 사진은 옛 조차장 모습과 빈센트 반 고흐의 〈일터로 가는
남녀광부들〉 그리고 황재형 작가의 〈아버지의 자리〉다.

라볼 수 없었다. 회색빛 상념의 애잔한 잔상을 쉽게 지울 수 있을까? 주차장에서 차를 끌고 나오는 출구 쪽 갱도 입구에 붙은 선연한 옛날 표어!

아빠! 오늘도 무사히!

수많은 탄광노동자의 청춘과 열정을 기억하는 이곳이 복합문화공간으로 다시 살아났듯이 막장 인생들의 아픈 영혼들도 문화예술의 꽃으로 부활하기를 소망한다.

사족 하나. 글루미 선데이는 헝가리의 피아니스트 셰레시 레죄가 1933년 발표한 것이 원작이다. 이 노래를 바탕으로 롤프 슈벨 감독이 같은 이름의 영화를 만들기도 했다. 자보 역할을 맡은 요아킴 크롤, 안드라스 역의 스테파노 디오니시, 일로나 역의 에리카 마로잔 등의 연기가 볼 만하다. 이 원작 노래와 영화 그리고 삼탄아트마인 조차장에서 울려 나오는 선율은 모두 다른 맥락이지만 한결같이 제 자리, 제 장르에서 자기만의 독특한 정체성을 표출하며 깊은 인상을 준다.

사족 둘. 삼탄아트마인을 나와 구불구불한 강원도 삼척 산골의 국도 길을 드라이브하면서 문득 빈센트 반 고흐를 떠올렸다.

고흐는 아버지와 할아버지가 모두 목사였다. 그들을 따라 목사가 되기를 갈망했던 젊은 시절의 고흐는 벨기에의 가난한 탄광촌에서 평신도 설교자로 사역했다. 당시 26세였다. 탄광촌에서 광부들과 어울리며 힘든 생활을 하던 그 시절의 고흐가 탄광촌과 광부들을 소재로 그린 그림이 여러 점 남아 있다. 〈일터로 나가는 남녀 광부들〉(1880), 〈부대자루를 나르는 탄광 여인들〉(1881) 등이 그것이다.

사족 셋. 우리나라에도 젊은 시절의 반 고흐와 비슷한 화가가 있다. 황재형이라는 화가다. 그는 31세 되던 해인 1982년 강원도 황지탄광으로 들어가 광부 생활을 시작한다. 그는 몸소 겪은 막장 인생으로서의 삶의 애환을 그려내었다. 탄광과 관련된 황재형의 작품에는 〈외눈박이의 식사〉(1984), 〈선탄부 권씨〉(1996), 〈아버지의 자리〉(2011) 등이 있다. 석탄 가루를 덮어쓴 채 절규하는 눈빛의 광부를 그린 〈선탄부 권씨〉와 곧 쏟아져 나올 듯 눈물이 그렁그렁한 우리 시대 보통 사람의 상징적 모습을 그린 〈아버지의 자리〉는 압권이다. 그때의 감동은 글루미 선데이의 전율을 느끼게 만든 선율과 함께 지금도 생생하게 남아 있다.

넌 대체 누굴 보고 있는 거야?

시선(視線)의 심리학

코로나19 팬데믹이 장기화 조짐을 보이면서 초중고나 대학을 막론하고 영상수업에 화상토론까지 진행되는 등 비대면 시대가 이어지고 있다. 대개 사람들은 직접 얼굴을 마주하면서 눈과 눈을 마주치며 마음을 툭 터놓고 대화를 해야 진정한 소통과 공감을 할 수 있다. 그런데 코로나가 사람들의 대면접촉을 막는 상황이 계속되면서 사람들의 스트레스도 가중되고 있다. 가수 유승범이 부른 노래 '질투'(1992)의 전반부는 이렇다.

넌 대체 누굴 보고 있는 거야
내가 지금 여기 눈앞에 서 있는데
날 너무 기다리게 만들지 마
웃고 있을 거라 생각하지 마

> 많은 것을 바라진 않아
> 그저 사랑의 눈빛이 필요할 뿐이야
> 나의 마음 전하려 해도
> 너의 눈동자는 다른 말을 하고 있잖아

2013년에 개봉한 스파이크 존스 감독의 영화 〈그녀(HER)〉는 SF 로맨틱 코미디 영화다. 영화를 보면서 문득 떠오른 이 노래는 최진실이 주연했던 드라마 '질투'(1994)의 주제가로 사용되기도 했다. 영화가 상영되는 내내 남자 주인공 테오도르(호아킨 피닉스 분)의 눈이 어디를 응시하고 있는지 한번 유심히 살펴보라.

그의 눈동자는 '지금'이나 '여기'가 아닌, 어딘가 다른 먼 세상을 바라보고 있다. 아니면 그냥 '멍때리기'를 한다. 대상을 제대로 바라보고 있을 때는 대개 잘못된 만남이거나 별 의미가 없는 만남이다. 게다가 테오도르의 머리도 언제나 15도 가량 옆으로 살짝 갸우뚱하다. 마치 이 세상에 관심이 없거나 아니면 이 세상이 그를 마뜩잖아 한다는 걸 보여주는 듯하다.

원래 사람들은 시각적인 동물이다. 이것은 직립한 인간과 네 발 달린 동물들을 구별해 주는 중요한 특징이기도 하다. 개나 고양이는 후각이 주된 감각이다. 그들은 공간적인 위치를 파악하거나 짝짓기를 할 때 주로 냄새에 의존한다. 심지어 자신의 사회적 위계를 파악할 때도 마찬가지다. 반면 인간은 직립 덕분에 얼굴이 땅에서 멀어진 대신 시야가 확 트이면서 멀리 있는 사물이 자신의 동료인지 아니면 포식자인지를 대번에 알아볼 수 있게 되었다.

사람의 얼굴은 인간 세상에서 가장 중요한 정보다. 우리는 눈을 통해 상대방의 얼굴과 몸짓을 바라보고, 여기에서 엄청난 정보를 얻어낸다. 상대방의 시선이 어디를 향하고 있는지에 따라, 특히 다른 사람과 눈이 마주칠 때 우리의 뇌는 정보를 얻어내기 위해 엄청나게 활기를 띤다. 그 시선이 따뜻한지 아니면 살벌한지를 살핀다. 안면이 온화한 낯빛인지 붉으락푸르락 하는지도 놓치지 않아야 한다. 그렇다고 사랑하는 사람이 아니라면 상대방을 너무 빤히 쳐다 봐서는 안 된다. 공격이나 모욕의 신호로 비칠 수도 있기 때문이다.

심리학자 루이스 코졸리노에 의하면 시선 처리는 "타인의 마음을 읽고, 타인의 행동을 예측하는 능력, 타인과 같이 있을 때 안전감을 느끼는 능력의 핵심요소다."라고 한다. 그는 또 "우리는 누군가의 진실성을 판단할 때 '영혼의 창'인 눈에 의존한다."라고 말하면서 "고객을 상대하는 세일즈맨들에게 고객과 만날 때 눈을 맞추되 선글라스를 쓰지 못하게 교육을 하는 이유도 시선을 피하는 게 진실성이 없어 보이기 때문이다."라고 지적한다.

주인공 테오도르의 직업은 대필 작가(ghostwriter)다. 대필 작가 노릇을 해본 경험이 있어 충분히 짐작한다. 유명한 정관계 인사나 대기업 회장, 대학 총장 등 다양한 사람들의 연설문을 작성하고 회고록 등을 집필해봤다. 고스트라이터는 자신의 정체를 드러낼 수 없는 말 그대로 유령작가다. 자신이 쓴 연설 원고를 유명 의뢰인이 다중 앞에서 잘 읽어주면 한순간 기분이 좋아진다. 출판되어 나온 원고가 호평(好評)을 받으면 잠시 뛸 듯이 기쁘다. 하지만 그게 전부다. 우울증에 빠진 사람이 마약을 복용하면 일시적으로 쾌락을 느끼는 것에 비유할 수 있을까?

테오도르는 연인이나 가족, 친구들 간의 사랑이 담긴 편지를 대신 곧잘 써준다. 사람들의 인정을 받는 인기 대필 작가다. 그렇지만 그것뿐이고 그때뿐이다. 인류의 역사는 "나 좀 알아줘!"라고 외쳐온 기록이라고 해도 과언이 아니다. 타인 명의의 일이 무어 그리 즐겁겠는가. 놀이가 아니고 일이다. 재미없다. 지겹고 힘들다. 글쓰기만큼 노동 생산성이 떨어지는 일도 드물다.

테오도르처럼 일면식도 없는 사람의 감정에 이입하여 글을 쓰는 일이 얼마나 큰 고통일지 짐작하기는 어렵지 않다. 설상가상으로 테오도르는 아내 캐서린(루니 마라 분)과 이혼 수속을 밟고 있다. 자신의 감정에 충실하고 진정한 자기 자신을 찾기 위해 몸부림치는 사람도 쉽지 않은 게 결혼 생활이다. 이혼 서류에 도장을 찍기 위해 테오도르를 찾아온 캐서린은 테오도르가 사람도 아니고 컴퓨터 운영체제(OS)와 사랑에 빠졌다는 소리에 경악한다. "테오도르, 당신은 왜 진짜 감정을 못 받아들이는 거야?"

그렇다. 테오도르는 자신의 진짜 감정과 대면하는 것이 두렵다. 그는 진정한 자신과 만나는 것을 두려워한다. 테오도르가 그리는 사랑은 이 세상에 없다. 테오도르가 생각하는 세계는 사람 냄새 나는 세상이 아니라 책 속에나 나올 법한 가공의 이데아(idea)다. 영화에 설명은 안 나오지만 그래서 그는 아내 캐서린과의 지지고 볶는 끈적끈적한 이 세상의 삶에 별로 매력을 느끼지 못했던 것 같다. 그가 모든 걸 알아서 척척 챙겨주는 OS와의 깔끔한(?) 연애에 몰입하는 이유다.

직장에서 하루 종일 컴퓨터를 붙들고 남의 편지를 대신 써주는 테오도르. 퇴근 후에도 그는 사람들과 어울리지 못한다. 컴퓨터에서 채팅을 하고 게임을 한다. 수많은 사람들이 북적이는 도시의 한복판에서도 그는 철저히 혼자다. 오로지 OS가 들려주는 음악을 듣고 OS의 소리를 경청할 뿐이다. 삼삼오오 대화를 하며 해수욕과 일광욕을 즐기는 해변의 인파 속에서도 홀로 옷을 입고 컴퓨터 세계에 몰입한 사람은 테오도르뿐이다. 어찌하겠는가? 세상은 미움과 그리움이 부딪히고 사랑과 서운함이 교차하는 애증(愛憎)의 십자로인 것을….

일방적인 내리사랑은 신적(神的)인 자비로움을 빼면 부모님의 사랑밖에 없다. 누군가의 말처럼 우리는 세상을 일방적, 독단적으로 그냥 살아가는 것이 아니다. 사람들과 부대끼며 갈등이 생기면 조정하고 타협하고 소통하는 쌍방향(雙方向)의 삶을 '살아내야'만 한다. 그냥 평범한 줄거리에다 현실에서는 일어날 법하지 않는 스토리지만, 그래도 영화가 그리 낯선 느낌이 들지 않는 것은 왜일까. 테오도르가 거부감이 드는 게 아니라 '짠한' 느낌이 드는 것은 왜일까?

굳이 서로를 옆자리에 앉혀두고도 눈을 바라보며 대화하지 않고 카톡으로 대화하는 젊은 연인들의 모습을 들 것까지도 없다. 이 설명하기 힘든 불안감 섞인 데자뷰는 아마도 '영화 속의 테오도르 모습이 바로 지금의 혹은 앞으로의 우리의 모습을 상징하는 것은 아닐까?' 하는 데서 연유할 것이다.

사족. 영화의 원 제목이 왜 'SHE'가 아니고 'HER'일까? 주인공 테오도르는 자신이 사랑하는 여성을 하나의 인격체(주체, 주격)로 보지 않고, 자신이 일방적으로 사랑하거나 소유하거나 하는 대상(객체, 목적격)으로 본다는 것을 스파이크 존스 감독이 말하려고 하는 것 같다.

여성들은 수염 기른 남자를 좋아할까?

수염의 심리학

　2021년 초여름에 미국을 다녀온 적이 있다. 알다시피 좁은 비행기 안에서 마스크를 낀 채로 열서너 시간을 견디는 건 쉬운 일이 아니다. 인천공항에 도착했을 때 이미 해가 저문 상태였고 공항은 한적한데도 코로나 방역 관계로 입국 수속에만 한 시간을 훌쩍 넘긴다. 운전석과 승객석 사이에 하얀 비닐 장막이 쳐진 택시가 파김치가 된 육신을 기어코 집으로 안내해준다.

　다음날. 아침 일찍부터 관할 구청의 코로나 진단검사를 받아야 했다. 문득 비행기 탈 때부터 시작해서 24시간 이상 면도를 하지 못한 게 기억났다. 하지만 이내 면도를 포기했다. 구청에서 마련한 자기격리 대상자를 위한 선별진료소로 가야 하는 데다가 마스크까지 착용한다는 걸 핑계 삼았던 것이다. 평소 수염 기르는 것을 한사코 반대하는 아내는 뾰로통한 얼굴에 입이

한 자는 나온 것 같다. 자가격리 2주만 기르겠다는 다짐을 하고 수염을 길렀다. 자가격리 기간 내내 수염 기르는 모습을 하루도 거르지 않고 인증샷으로 남겨 놓았다.

2020년 가을에 세상을 뜬 숀 코너리는 멋진 수염이 돋보이는 탁월한 배우다. 그는 뛰어난 연기력을 갖춘 세계적인 배우이기도 했지만 같은 남자가 보기에도 부러울 수밖에 없는 매력적인 외모를 가진 남자였다. 아마 젊은 세대는 수염을 기른 멋진 유명인으로 숀 코너리보다는 로버트 다우니 주니어나 데이비드 베컴 같은 이를 먼저 떠올릴지 모른다. 한국인으로 이외수, 강기갑, 김흥국, 노홍철 등도 수염이 인상적인 인물이지만, 이들의 수염이 매력적이라 여기는 사람은 그리 많지 않을 것이다.

근대 이전과는 달리 일상적으로 수염을 기르는 시대가 아닌 현대 사회에서 수염으로 가장 유명한 사람은 아마도 링컨이 아닐까 싶다. 히틀러의 콧수염도 빼놓을 수 없다. 선배 화가 벨라스케스의 카이젤 수염을 모방한 자신만의 개성 있는 수염으로 유명했던 살바도르 달리의 수염 스타일은 아예 '달리형 수염'이라는 별명까지 얻었다.

유사 이래로 수염을 기르는 것은 명백한 '성별 신호(gender signal)'였다. 2차 성징이 나타나는 사춘기 이후 남성들은 남성호르몬인 테스토스테론의 영향으로 수염이 자라기 시작한다.

수염은 원하건 원치 않건 자신이 남성임을 알리는 뚜렷한 시각적 신호임이 틀림없다. 고대 사회에서는 수염이 체력과 정력을 상징하는 동시에 권력의 상징이었다. 죄수나 노예에게 수염을 뽑아버리는 형벌을 내린 곳도 있었다. 모두가 수염을 기르는 세상에서 수염이 없다는 것은 '네 놈은 힘도 권력도 없는 껍데기뿐인 남성이니 알아서 기어라!'는 일종의 주홍글씨였을 수도 있다.

수염은 또한 지혜를 상징했다. 나이가 들면서 점점 길고 하얗게 변해가는 수염은 노인의 특징이다. 노인들은 그들의 수염과 함께 젊은이들이 갖지 못한 삶의 경륜과 지혜, 통찰을 갖춘 사람으로 존경을 받았다. 기독교 초기 예수의 모습을 그린 이콘(icon)을 보면 그리스 신화에 나오는 아폴론 신을 닮은 젊은 모습이다. 그러다가 점차 풍성하게 수염이 난 노현자(old wise man) 분위기를 짙게 풍기는 모습으로 정형화됐다. 15세기 르네상스 시기부터는 예수 그리스도의 그림뿐만 아니라 하나님 아버지, 즉 성부(聖父)의 모습도 수염을 가진 백발노인으로 묘사하는 전통이 생겨났다고 한다. 미켈란젤로가 이탈리아 시스티나 성당 천장에 그린 〈천지창조〉 속 하나님의 모습이 대표적이다.

요즘은 일부 국가나 계층에서 종교적인 이유 등으로 수염을 기르는 경우를 제외하고는 전 세계적으로 수염을 기르지 않고 면도를 하는 게 보편적이다. 이처럼 '수염 사회'가 아닌 '면도 사회'에서의 수염은 또 다른 의미를 갖게 된다. 연예인이나 예술가, 스포츠맨 등 문화 체육 분야에 종사하거나 혹은 IT 계통 등 창조적인 직업에 종사하는 사람 중에서 수염을 기르는 이들이 있다. 그들에게 수염은 기존 사회규범에서 벗어나 자유를 구가하고 싶은 욕구를 표출하는 수단이다. 자유로운 영혼을 가진 이들이 보여주는 일종의 일탈과 저항의 표시다.

내가 자가격리 중에 잠시 수염을 기른 행위 역시 작은 일탈이라 할 수 있다. 일상생활에서 벗어나 외국이나 격리된 장소에서 생활하게 되면 굳이 규범에 얽매일 필요가 없다. 이렇게 남의 눈치 보지 않아도 되는 틈을 타서 수염이나 한번 길러보자는 소심한(?) 자유의지의 표현이다. 요즘에는 연예인이나 예술가가 아니더라도 수염을 기르는 젊은이들이 꽤 있다. 이들에게 수염은 또 하나의 패션 아이템이다. 모든 남성이 2 대 8 비율의 단정한 가르마를 타지 않고 다양한 헤어 스타일을 추구하듯이, 수염을 기르는 것 또한 개성을 표출하는 하나의 수단에 불과한 것이다.

그렇다면 남성들이 수염을 기르는 모습을 다른 남성들이나 여성들은 어떻게 생각할까? 영국의 한 대학 심리학 연구팀이 관련된 실험을 한 적이 있다. 그들은 19세에서 53세에 이르는 남녀 40명을 대상으로 수염을 기른 남성 6명의 사진을 보여주고 그에 대한 인상을 물었다. 제시된 사진은 6명의 남성이 각각 깨끗하게 면도한 모습, 5일간 짧게 수염을 기른 얼굴, 열흘간 수염을 기른 얼굴, 한 달 이상 수염을 기른 모습 등을 촬영한 것이었다. 남녀를 불문하고 응답자의 대부분은 수염이 풍성할수록 사진 속의 남성들이 더 강인해 보인다고 대답했다.

한편 연구팀이 여성들에게만 따로 물어보았다. 사진 속의 남성들에게 매력을 느끼는지에 대해서. 여성들의 대답은 중립적이었다. 수염을 기르는지 여부와 여성들이 수염 있는 남성을 매력있다고 생각하는 것에는 별다른 상관관계가 없었다. 다른 실험에서는 위의 실험과는 상반된 결과가 나왔다. 실험방식은 비슷했지만 응답자들은 대체로 얼굴에 수염이 많은 남성에 대해 긍정적인 반응을 보였다. 응답자들은 수염이 많은 남성을 더 매력적이고 성숙하며 자신감이 있는 것으로 본 것이다.

또 다른 실험에서는 아예 부정적인 반응이 대세였다. 응답자인 여성 대부분은 수염을 기른 남성이 깔끔하게 면도를 한 남성에 비해 청결하지도 않고 매력적이지도 않다고 말한 것이다. 이 실험에서는 극히 일부의 여성들만이 수염을 기른 남성이 더 지적이고 성숙해 보인다고 응답했다.

물론 좀 더 다양한 인종, 사회, 문화권으로 범위를 넓혀서 검증할 필요는 있을 것이다. 어쨌든 수염에 대해서 긍정적, 부정적, 중립적인 반응이 모두 나오는 것은 다소 뜻밖이다. 수염을 또 하나의 매력을 창출하는 도구로 생각하고 수염을 기르는 남성들은 이런 연구 결과에 당혹해할지도 모르겠다. 수염을 기른 남성들에 대한 반응이 왜 이토록 다양한 것일까. 심리학자 바이런 스와미와 애드리언 펀햄은 이렇게 말한다.

> 본질적으로 수염은 유행의 변화와 문화적인 요구에 민감하다. 이것은 수염을 바라보는 시각이 진화의 역사에 바탕을 두지 않고, 유행의 흐름이나 그때그때 세태에 따라 변하기 때문이다.

수염에 대한 이런 매우 상반된 시각은 우리의 경험에 따른 상식과 부합하는 측면이 있다. 수염에 대한 태도가 극히 부정적인 아내의 반응도 현대 한국인의 평균적인 시각을 대표한다. 수염을 길러 본 적이 있는 한 지인은 이렇게 말한다.

> 수염을 기를 때 반응은 남녀가 서로 다르더군요. 여성들은 대체로 지저분하다면서 빨리 면도를 하라고 촉구합니다. 반면 남성들은 호의적인 관심을 보이면서 한번 잘 길러보라고 독려하는 경우가 많아요.

내가 아는 재미교포 청년은 풍성한 수염을 자랑한다. 무척 잘 어울린다. 왜 수염을 기르는지 물어보진 않았다. 동양인들은 서양인들보다 동안이라서 상대적으로 더 어리고 부드러워 보이는 편이다. 그런데 그것이 인종적 편견이 분명히 존재하는 미국 사회에선 자칫 불리하게 작용할 수도 있을 것이다. 그 청년이 아마도 그런 맥락에서 수염을 기르지 않나 짐작할 뿐이다. 수염을 기른 남성은 좀 더 강인하고 힘찬 인상을 주기 때문이다. 한편 수염이 거의 나지 않아서 심하게 스트레스를 받는 남성도 없지 않다. 그들에겐 남성성의 상징인 수염이 나지 않는 것이 하나의 콤플렉스가 된다. 일종의 '환관 컴플렉스'의 하나일 것이다.

어쨌거나 남들의 시선을 의식하지 않고 자신만의 톡톡 튀는 개성을 추구하는 신세대는 누가 뭐라고 하든 개의치 않고 수염을 기를 것이다. 하지만 수염을 통해 남성적인 매력을 어필하고자 하는 남성들은 수염 기르는 문제를 좀 더 신중하게 고려한 다음에 선택해야 할 것 같다. 공작새 수컷의 화려한 날개는 생존에는 오히려 방해되지만, 자신의 구애 대상인 암컷들에게는 거의 무조건 매력도를 높이는 작용을 한다.

하지만 여성들에게 남성들의 수염은 꼭 수컷 공작새의 날개처럼 긍정적으로만 작용하는 것 같지는 않아 보인다. 그러므로 수염을 기르고 싶은 남성들이여, 명심할지어다. 내 여자가 '수염 기른 저 남자가 멋있다!'라고 말한다고, 냉큼 '내가 수염을 길러도 좋아하겠지.' 하는 것은 큰 착각이라는 것을.

**따뜻한
심리학**

초판 1쇄 발행 2021년 12월 6일

지은이 김진국
펴낸이 권무혁
펴낸곳 어나더북스 an other books
기획·편집 김미성, 최영준
디자인 차선우
마케팅 김성덕
출판등록 2019년 11월 5일 제 2019-000299호
주소 (04029) 서울 마포구 월드컵로 8길 49-5 204호(서교동)
대표번호 02-335-2260
이메일 km6512@hanmail.net

ⓒ 김진국, 2021
ISBN 979-11-968617-6-6 03810

- 책값은 뒤표지에 있습니다.
- 이 책의 내용의 일부 혹은 전부를 재사용하려면 반드시 어나더북스의 동의를 구해야 합니다.
- 잘못 만들어진 책은 구입하신 서점에서 교환할 수 있습니다.

책 본문에 소개된 문학작품 중에서 저작권자와의 연락이 미처 닿지 않아 그대로 인용된 몇 개가 있습니다.
연락이 닿는 대로 저자권료 지급 등의 후속절차를 밟을 예정입니다.